PUBLIÉ SOUS LA DIRECTION
DE LA
SECTION HISTORIQUE DE L'ÉTAT-MAJOR DE L'ARMÉE

L'ÉCOLE POLYTECHNIQUE

PENDANT

LA CAMPAGNE DE FRANCE

(1814)

PAR

Maurice SAUTAI
CAPITAINE AU 24e RÉGIMENT D'INFANTERIE
DÉTACHÉ A LA SECTION HISTORIQUE

PARIS
LIBRAIRIE MILITAIRE R. CHAPELOT ET Cie
IMPRIMEURS-ÉDITEURS
30, Rue et Passage Dauphine, 30

1910

L'ÉCOLE POLYTECHNIQUE

PENDANT

LA CAMPAGNE DE FRANCE

(1814)

PARIS. — IMPRIMERIE R. CHAPELOT ET Cᵉ, 2, RUE CHRISTINE.

Gravure extraite de l'*Histoire de l'École polytechnique*
par le Commandant G. Pinet.
(Béranger, édit.)

PUBLIÉ SOUS LA DIRECTION
DE LA
SECTION HISTORIQUE DE L'ÉTAT-MAJOR DE L'ARMÉE

L'ÉCOLE POLYTECHNIQUE

PENDANT

LA CAMPAGNE DE FRANCE

(1814)

PAR

Maurice SAUTAI
CAPITAINE AU 24e RÉGIMENT D'INFANTERIE
DÉTACHÉ A LA SECTION HISTORIQUE

PARIS
LIBRAIRIE MILITAIRE R. CHAPELOT ET Cie
IMPRIMEURS-ÉDITEURS
30, Rue et Passage Dauphine, 30

1910

L'ÉCOLE POLYTECHNIQUE

PENDANT

LA CAMPAGNE DE FRANCE

(1814)

Sous le premier Empire, l'École polytechnique était devenue presque exclusivement militaire dans son régime comme dans sa fin. Bien qu'elle continuât à fournir un assez grand nombre de sujets aux services civils, mines, ponts et chaussées, etc., le recrutement de ces services devenait d'année en année plus difficile, les promotions militaires absorbant la majeure partie des élèves à leur sortie. Afin de remédier à cet état de choses, un décret parut, le 30 août 1811, qui ordonnait qu'à l'avenir l'École de Saint-Cyr, le Prytanée de la Flèche et les lycées, assureraient seuls le recrutement des officiers d'artillerie, que le génie prélèverait chaque année les meilleurs sujets de l'École polytechnique et que les autres élèves de cette école seraient répartis entre les divers services civils.

Mais ce décret était à peine rendu que son application restait lettre morte. Pendant les deux dernières années de l'Empire, jamais peut-être l'École polytechnique n'eut à fournir à nos armées un plus grand nombre d'officiers d'artillerie. Nos désastres de 1812, la reconstitution de la Grande Armée de 1813 et nos revers de cette même année imposèrent au Ministre de la Guerre l'obligation de puiser, à maintes reprises, dans les ressources de l'École sans parvenir à remplir tous les emplois vacants. Au cours de la seule année 1813, 120 élèves furent versés dans l'arme de l'artillerie (1).

En cette fin de 1813, sans négliger leurs études scientifiques, les 330 élèves de l'École trouvaient le temps de s'intéresser à la vie théâtrale de Paris et de chercher eux-mêmes, au sein de leur établissement, d'agréables distractions dans la culture de la musique. Tous les quinze jours, ils donnaient des concerts à leur grand amphithéâtre, et, avec une galanterie toute française, ils chargeaient l'un de leurs camarades, le sergent fourrier Coignet, de témoigner au gouverneur de l'École, comte de Cessac, leur désir de renouer une tradition interrompue à regret et d'obtenir « la permission d'y inviter les dames, faveur que tous les élèves désirent ardemment obtenir (2) ».

Dans les théâtres de la capitale, où ils aimaient à se répandre, les élèves tenaient souvent une conduite qui n'était pas exempte de reproches. Enthousiastes des victoires de l'Empereur, ils frondaient volontiers son

---

(1) 50 de la première division, le 15 avril 1813; 26 de la première division et 44 de la seconde division, le 1er octobre. Pour satisfaire à ces demandes d'officiers d'artillerie, les volontaires une fois inscrits, le complément des désignations s'opérait par la voie du sort.

L'artillerie avait reçu, en 1812, 90 polytechniciens, et, en 1811, 40 (Marielle, *Répertoire de l'École impériale polytechnique*, p. 48 et 49, et Archives de l'École polytechnique (A. É. P.), *Registre des séances du Conseil d'administration*).

(2) Coignet, directeur de la musique, au général gouverneur de l'École polytechnique, 29 novembre 1813 (A. É. P., *article III, paragraphe 2*). On trouvera plus loin la lettre du sergent Coignet et la décision du conseil de l'École refusant l'autorisation sollicitée.

despotisme, et ces enfants terribles, exubérants de turbulence et de vie, étaient l'objet d'une surveillance incessante de la police impériale qui les trouvait toujours prêts à se mêler aux querelles et aux cabales dont les salles de spectacles, à cette époque, offraient fréquemment le tableau. A plusieurs reprises, les élèves avaient été menacés d'être privés d'une de leurs distractions favorites. Enfin la conduite « peu décente » d'un grand nombre d'entre eux au Théâtre-Français, le 25 décembre 1813, obligeait le Conseil de l'École à leur interdire indéfiniment l'entrée de tous les spectacles. Néanmoins, le comte de Cessac trouvait le moyen d'adoucir la rigueur de cette mesure en faisant ajouter à cette décision le correctif suivant : « Les élèves désirant aller au spectacle pourront demander et obtenir des permissions spéciales *ad hoc*. Ils en seront porteurs (1) ».

Le 22 novembre 1813, le Ministre de la Police, Savary, se faisait l'écho d'une accusation plus grave contre les élèves : ils lui étaient signalés, écrivait-il au comte de Cessac, comme « manifestant un mauvais esprit, soit entre eux, soit dans les endroits où ils se trouvent lorsqu'ils sortent de l'École (2) ».

Les événements ne devaient point tarder à prouver que les rapports de la police étaient loin d'être exacts. Nous verrons bientôt Savary lui-même rendre hommage au bon esprit de l'École. Accoutumé à ces dénonciations policières, le gouverneur, comte de Cessac, ne s'en alarmait point outre mesure. « Ce ne sont plus des enfants, ce ne sont pas encore des hommes (3) », se plaisait-

(1) Ordre du 30 décembre 1813 que l'on trouvera aux Documents annexes, ainsi que toutes les pièces citées en abrégé dans cette Introduction (A. É. P., *article III, paragraphe 2*).

(2) A. É. P., *article III, paragraphe 2*.

(3) Le 3 août 1811, rendant compte à l'Empereur de son administra-

il à répéter à l'Empereur pour excuser les incartades de cette jeunesse impétueuse. Il savait d'ailleurs que, sur le terrain patriotique, il n'y avait que des éloges à décerner à l'École qui, chaque année, donnait au génie et à l'artillerie les meilleurs de leurs officiers. Au mois de janvier 1813, quand l'Empereur s'était adressé à la nation pour l'inviter à concourir par ses offrandes à la reconstitution de notre cavalerie, l'École polytechnique lui avait fait un don magnifique de 8 chevaux d'artillerie légère, équipés (1), et, à la fin de cette même année 1813, les événements permettaient aux élèves d'affirmer d'une manière éclatante et irréfutable la générosité de leurs sentiments et la pureté de leur patriotisme.

L'année s'achevait sous les plus sombres pressentiments. L'ennemi, arrivé sur le Rhin, s'apprêtait à fouler aux pieds le territoire « sacré » de l'ancienne France. Décimés, découragés, les débris de la Grande Armée d'Allemagne se repliaient presque partout sans combattre. L'Empereur, qui s'apprêtait à opposer au flot des envahisseurs la toute-puissance de son génie, se sentait seul ou presque seul à vouloir lutter contre le destin. De la masse de la nation, plongée dans le deuil et la stupeur, ne montait aucun souffle de dévouement et d'élan. C'est à cette heure attristée où les énergies s'écroulent de toutes parts que se dresse, vibrant de fierté, l'appel des 330 élèves de l'École polytechnique réclamant l'honneur

---

tion, le comte de Cessac lui écrivait : « ..... Les résultats pour l'instruction sont très beaux, et j'ai pris les moyens de les améliorer encore.

« La discipline est forte, nerveuse. Cependant les élèves font quelques sottises, quelques fortes étourderies, mais Votre Majesté verra ce que ne voit pas le vulgaire, c'est qu'ils ne sont plus des enfants et ne sont pas encore des hommes, c'est qu'ils ne sont plus soldats et ne sont pas officiers » (Arch. nat. AFIV. 1153).

(1) A. É. P., *Registre des séances du Conseil d'administration.*

d'être envoyés en masse au devant de l'ennemi. « Nous voyons les besoins de la Patrie, nous sommes Français », écrivent-ils au gouverneur de l'École, le 29 décembre 1813, et ils le supplient de transmettre à l'Empereur une adresse où, « fidèles » à leur noble devise : *Tout pour la Patrie, les Sciences et la Gloire*, ils lui « demandent de voler aux frontières pour partager la gloire des braves qui se dévouent au salut de la France. Le Bataillon, sous ses braves officiers, fier d'avoir contribué à la défaite des ennemis, reviendra, dans cette enceinte, cultiver les sciences et se préparer à de nouveaux services (1) ».

Ce qu'il importe de mettre en relief, à côté des accents mâles et vigoureux de cette adresse que l'on trouvera plus loin, c'est son caractère spontané. L'un des signataires, le sergent-major Duvivier, rappelant plus tard cette page glorieuse de l'École polytechnique et sa participation à la défense de Paris, a pu dire : « Les élèves étaient là parce qu'ils le voulaient, parce qu'ils avaient, depuis trois mois, demandé à l'Empereur de rejoindre son armée comme bataillon d'infanterie (2) ». Jamais, avec leur indépendance de caractère, les élèves n'auraient consenti à laisser signer par leurs représentants une adresse rédigée en haut lieu et inspirée par un sentiment autre que celui de l'amour de la Patrie.

En transmettant à Napoléon cette offre généreuse, le comte de Cessac lui suggéra la pensée d'assigner à ces jeunes gens, « l'espoir de l'avenir », une tâche digne de leur dévouement. Il proposa, soit de leur remettre la

---

(1) Archives nationales, AFIV.1153.

(2) Général Duvivier, *Discours au peuple sur les fortifications de Paris*, p. 12.

garde du roi de Rome qui ne pourrait avoir, auprès de sa personne, des défenseurs « plus enthousiastes, plus dévoués », soit de leur confier l'artillerie qui devait être affectée à la garde nationale parisienne en voie d'organisation. Le comte de Cessac se portait garant que, bientôt, ils sauraient la manœuvrer, « et ils mourraient tous avant de la laisser prendre ou mal employer (1) ».

Ces vues du comte de Cessac furent agréées, et, le 24 janvier 1814, paraissait un décret ordonnant la formation d'un corps d'artillerie de la garde nationale de 12 compagnies, dont 6 composées d'invalides, 3 formées des étudiants des Écoles de droit et de médecine, et 3 des élèves de l'École polytechnique (2).

Ce décret n'était pas encore mis à exécution qu'une lettre du général Drouot, aide de camp de l'Empereur, prescrivait au comte de Cessac de placer comme sous-lieutenants, dans l'infanterie de la Garde (3), les élèves de l'École polytechnique qui manifesteraient le désir d'y entrer. Avant de faire la moindre ouverture aux deux

---

(1) Le comte de Cessac à l'Empereur, Paris, 31 décembre 1813 (Arch. nat. AFIV.1153).

(2) Le même jour, dans ses instructions au roi Joseph, l'Empereur lui indiquait les services importants qu'il attendait des compagnies de canonniers formées de l'École polytechnique : « La garde nationale de Paris est composée de 12 légions. J'ai ordonné qu'il fût formé 12 compagnies de canonniers, 3 à l'École polytechnique, 4 ou 6 aux Invalides, et les 3 ou 4 autres dans la garde nationale. Ces 12 compagnies pourront servir, chacune, six pièces de canon. Les batteries servies par l'École polytechnique seront les mieux soignées parce qu'elles sont susceptibles d'aller à 3 ou 4 lieues de Paris et de faire un service brillant. Il y a, à l'école, un colonel de la Garde qui organisera ces 3 compagnies : je pense qu'elles doivent l'être dans la journée de demain, ainsi que les invalides. Il faudra faire aller ces compagnies à Vincennes, où il y a un polygone, afin qu'elles tirent quelques coups de canon pour s'exercer » (*Correspond. de Napoléon*, n° 21134).

(3) L'Empereur venait de créer de nombreux régiments de Jeune Garde.

divisions, le Conseil d'ordre crut devoir représenter à l'Empereur, par l'organe de son président, les inconvénients d'une pareille mesure. Prendre ces sous-lieutenants dans la première division, la plus instruite, qui comptait encore une centaine d'élèves, nombre à peine suffisant pour parer, en 1814, aux besoins du génie et de l'artillerie, c'était se priver « de jeunes gens formés pour les corps savants et déjà dignes d'y entrer ». Les choisir dans la deuxième division, qui comptait environ 225 élèves, nouvellement arrivés à l'École, c'était s'assurer une faible ressource : ces jeunes gens ne savaient encore rien des devoirs de l'officier d'infanterie, et la plupart étaient d'un âge trop tendre pour supporter les fatigues de la Garde. L'annonce du projet aurait, en outre, l'inconvénient de « jeter, parmi cette jeunesse, déjà incandescente d'ardeur guerrière, un feu qui les détournerait tous pendant longtemps de leurs études ». S'ils s'offraient en grand nombre à entrer dans la Garde, on s'exposait à épuiser, pour un faible intérêt, « des ressources précieuses et impossibles à remplacer ». Aussi le comte de Cessac demandait qu'on laissât aux élèves le soin de veiller sur la famille impériale en cas de malheur ou d'émeute, et d'acquérir, « si de pareilles circonstances se présentaient, des droits très particuliers aux bontés de Votre Majesté, surtout si, comme je le Lui ai demandé il y a quelque temps, Elle daignait leur confier une batterie de six pièces de 4 (1) ».

Les observations du comte de Cessac avaient été appuyées par le ministre de la police, Savary. Le duc de Rovigo avait aussi proposé qu'on fît appel aux officiers du génie de la garde nationale, « qui sont de bons ingénieurs des Ponts et Chaussées et des élèves de l'École

---

(1) Le comte de Cessac à l'Empereur, Paris, le 27 janvier 1813 (Arch. nat., AFIV.1153).

polytechnique », pour la mise en état de défense des ponts de Corbeil, Choisy, Charenton, Saint-Maur et Lagny. Après avoir obtenu gain de cause sur ce point auprès du roi Joseph, chargé de la défense de Paris, il avait encore « demandé qu'on mît, dans l'École polytechnique, quelques pièces de canon (1) ». Se rendant aux vœux du comte de Cessac et du duc de Rovigo, l'Empereur ne songea plus à distraire les élèves de la destination que leur avait assignée le décret du 24 janvier 1814.

Sans perdre de temps, le Ministre de la Guerre, duc de Feltre, faisait connaître au comte de Cessac, le 26 janvier, la composition des trois compagnies de canonniers tirées de l'École polytechnique. Chacune d'elles, destinée à servir une batterie, devait comprendre : 1 capitaine, 1 lieutenant, 1 sergent-major, 3 sergents, 1 fourrier, 6 caporaux, 3 artificiers, 104 canonniers et 2 tambours, soit 2 officiers et 120 hommes. Le Ministre informait le gouverneur que les trois batteries étaient placées sous les ordres du colonel baron Greiner, commandant en second l'École polytechnique, et que toute l'artillerie de la garde nationale relevait du commandement du général comte de Lespinasse, sénateur (2).

Deux jours plus tard, un ordre, émanant de la Direction de l'artillerie au Ministère de la Guerre, prescrivait au comte de Cessac de faire remettre les fusils de l'École au préfet de la Seine, pour les répartir entre les bataillons de la garde nationale : les élèves, en leur qualité d'artilleurs, ne devaient plus être armés que du sabre (3).

Cette mesure ne s'accomplit point sans que le comte

---

(1) Le duc de Rovigo à l'Empereur, 31 janvier 1813 (Arch. nat., AFIV.1043).

(2) Le duc de Feltre au comte de Cessac, Paris, le 26 janvier 1814 (A. É. P., *article III*, *paragraphe 2*).

(3) Le général Evain, chef de la 6e division au ministère de la Guerre, au comte de Cessac, 28 janvier 1814 (A. É. P., *article III*, *parag. 2*).

de Cessac protestât énergiquement contre son exécution auprès du Ministre de la Guerre et du roi Joseph. Il fit observer à ce dernier que les élèves, ainsi désarmés, ne pourraient, en cas d'émeute, défendre leurs batteries et qu'ils ne seraient d'aucune utilité pour protéger l'Impératrice si les circonstances les appelaient auprès de sa personne. Jusqu'à ce que ces jeunes canonniers eussent « acquis l'instruction suffisante pour faire usage de leurs pièces, on se priverait, en leur ôtant leurs armes, des secours d'un des meilleurs corps que l'Empereur ait à son service ». Enfin, s'il fallait absolument enlever aux élèves une partie de leurs armes, le comte de Cessac demandait qu'on réduisît à cent au plus le nombre des fusils à remettre à la garde nationale. « C'est, disait-il, parce que j'ai l'intime conviction de l'utilité dont peuvent être les services des élèves que je prie Votre Majesté de ne pas diminuer aucun des moyens qu'ils peuvent employer à la défense de l'État (1) ».

Le besoin d'armes, et surtout de fusils, pour les bataillons de la garde nationale était tel que les sages représentations du comte de Cessac ne furent pas écoutées (2).

Le 30 janvier, la Direction de l'artillerie enjoignait, au colonel Greiner, de compléter, sans aucun délai, l'organisation de ses trois compagnies « afin de les exercer et de les instruire le plus promptement possible (3) ».

---

(1) Le comte de Cessac au roi Joseph, Paris, 1er février 1814 (Arch. nat., F_9 *Gardes nationales, Paris, 1814*).

(2) Les rapports du colonel Greiner sur la journée du 30 mars 1814, que l'on trouvera plus loin, ne laissent aucun doute sur la remise des fusils de l'École à la garde nationale. Dans son *Histoire de l'École polytechnique* (p. 77) qui fait autorité, M. le commandant Pinet dit qu'on laissa aux élèves les 30 fusils qui servaient habituellement au poste de garde de l'École.

(3) Le général Evain au colonel d'artillerie baron Greiner, comman-

Cette recommandation était superflue avec un officier aussi pénétré de ses devoirs que le colonel Greiner. Originaire de notre vaillante province d'Alsace, il s'était engagé comme simple canonnier à pied, à seize ans, en 1789, était passé dans le 1er régiment d'artillerie à cheval en 1792 et avait conquis, dans ce régiment d'élite, tous ses grades jusqu'à celui de capitaine. Il avait pris part, entre autres campagnes, à celle d'Égypte, au retour de laquelle il était entré dans l'artillerie de la Garde des consuls. Chef d'escadron dans l'artillerie de la Garde impériale en 1805, il avait eu le bras droit emporté par un boulet à Wagram, le 6 juillet 1809. Nommé colonel quelques jours plus tard, il avait été désigné, au début de 1810, par le général Songis, premier inspecteur de l'artillerie, pour commander le bataillon de l'École polytechnique. L'Empereur venait d'ordonner qu'on attachât à cette École « un chef de bataillon d'artillerie amputé d'une jambe ou d'un bras, d'un caractère ferme et capable d'en imposer aux élèves », et le général Songis, en désignant le colonel Greiner, écrivait au Ministre de la Guerre, le 17 janvier 1810 : « Je ne connais pas d'officier qui soit mieux doué que lui des qualités que Sa Majesté exige de la part de celui qui doit être appelé à ce poste (1) ».

Sous un tel chef, l'organisation des trois compagnies ne pouvait éprouver de retard. Le 29 janvier, un ordre du jour annonçait aux élèves leur nouvelle destination et l'arrivée prochaine de plusieurs pièces d'artillerie : « Sa Majesté, disait le comte de Cessac, ne pouvait répondre, d'une manière plus honorable pour l'École, au noble empressement que les élèves ont montré, lorsqu'ils ont demandé de concourir à la défense de l'État

---

dant les compagnies de l'École impériale polytechnique à Paris, 30 janvier 1813 (A. É. P., *article III, paragraphe 2*).

(1) Dossier du colonel Greiner (Arch. administ. de la Guerre).

envahi. Les élèves sauront justifier la confiance que Sa Majesté leur témoigne : le gouverneur en a pour garants l'excellent esprit qui les anime et les services glorieux de leurs anciens camarades (1) ».

Dès le jour même, les trois compagnies étaient formées, comprenant chacune 110 élèves, et le colonel Greiner investissait des fonctions d'adjudant auprès de sa personne le premier sergent-major de l'École, Jean-Jacques Petit.

On trouvera plus loin la composition des trois compagnies. Le colonel avait voulu en éliminer quelques élèves qui lui avaient paru trop faibles pour le service de canonniers, mais il céda à leurs sollicitations et leur accorda la faveur, instamment réclamée par eux, de partager les fatigues et les dangers de leurs camarades.

Quand le général de Lespinasse vint passer en revue ses jeunes canonniers, il n'eut que des éloges à décerner à leur tenue militaire et à leur excellent esprit. Il s'en montra « on ne peut plus satisfait », et « en rendit le meilleur compte (2) ».

Au moment où les deux batteries de six pièces de 4, destinées à l'apprentissage des élèves, franchirent le seuil de l'École, elles furent accueillies par de longues acclamations. Témoin de l'allégresse et des excellentes dispositions des élèves, le comte de Cessac faisait d'eux ce magnifique éloge au Ministre de la Guerre : « Je dois dire à Votre Excellence que les élèves sont animés du meilleur esprit, que les pièces d'artillerie sont entrées dans l'École aux cris mille fois répétés de : « Vive l'Em-

(1) A. É. P., *Registre des ordres du gouverneur*.

(2) Voir, aux Documents annexes, l'important *Rapport sur le service fait par les élèves de l'École polytechnique dans l'artillerie de la garde nationale de Paris pendant les mois de février et mars 1814, et notamment le jour de l'attaque de la capitale, le 30 mars*.

pereur ». Je ne crois pas que Sa Majesté puisse réunir une troupe de serviteurs plus dévoués et mieux en état de La servir à quelque poste qu'ils soient appelés (1) ».

Dès lors, au diable les études. Les 79 exemplaires de l'école du canonnier, achetés par le Conseil d'administration chez le libraire Magimel, circulent dans toutes les mains. Un ordre du jour du 9 février prescrit de remettre l'interrogation d'analyse pour la 1re division, et cet ordre est immédiatement suivi d'un second qui enjoint d'exercer dès le 10, à tous les instants de la journée, les élèves à la manœuvre du canon, suivant que le colonel Greiner le jugerait nécessaire (2).

L'ardeur belliqueuse qui avait envahi toutes les têtes et l'exercice du canon auraient suffi pour faire délaisser la géométrie et l'analyse si, durant tout le mois de février et une partie du mois de mars 1814, les élèves n'avaient encore été distraits de leurs études par un actif service de garde aux barrières de Paris, dont les abords avaient été garnis de pièces d'artillerie. L'enceinte de la capitale se partageait en deux secteurs : les canons du secteur le plus exposé, celui de l'Est, de la barrière d'Enfer ou d'Orléans à celle de la Villette inclusivement, étaient confiés aux élèves de l'École polytechnique ; ceux du secteur de l'Ouest étaient gardés par les canonniers invalides du colonel Grobert (3). Au début, comme toutes les barrières avaient été munies de pièces d'artillerie, les élèves furent souvent obligés de consa-

(1) Le comte de Cessac au duc de Feltre, 30 janvier 1814 (Arch. nat., F_9 *Gardes nationales, Paris, 1814*).

(2) A. É. P., *Registre des ordres du gouverneur.*

(3) D'après le rapport du colonel Greiner, reproduit plus loin. — Dans son ordre de service du 7 mars 1814, le maréchal Moncey place l'origine du secteur de l'École polytechnique à la barrière de Fontainebleau, laissant aux Invalides la barrière d'Enfer ou d'Orléans (A. H. G., Correspondance générale, 7 mars 1814).

crer à ce service la totalité de leur effectif disponible, au point que certains d'entre eux durent doubler et tripler la durée de leur garde. Le 4 mars, le maréchal Moncey, major général de la garde nationale, prit le sage parti de faire fermer les barrières les moins fréquentées et de ne garder de canons qu'aux débouchés les plus importants. Sur la rive droite, à chacune des barrières de Saint-Denis, de la Villette, de Pantin, du Trône et de Charenton, et, sur la rive gauche, à la barrière de Fontainebleau, il fut laissé deux pièces de 4 et deux pièces de 8, confiées à la garde d'un poste de six canonniers de l'École polytechnique que commandait un sergent. Un piquet d'égale force se tenait toujours prêt à renforcer chaque poste en cas d'attaque. En outre, plusieurs escouades d'élèves étaient préposées à la garde des réserves d'artillerie, établies aux barrières du Trône et de Fontainebleau, qui comprenaient, chacune, douze pièces de 4 et deux pièces de 8. Ces dispositions furent mises en vigueur à partir du 7 mars (1).

Sous la conduite de leur dévoué colonel et de quatre sous-officiers instructeurs, les élèves réalisèrent de tels progrès dans le service des pièces qu'en quinze jours il ne leur manquait plus, pour en faire de véritables canonniers, que l'école du tir à Vincennes. Malheureusement, le baron Greiner n'obtint pas la permission de compléter l'instruction de ses jeunes artilleurs, car on craignait que les habitants de la capitale ne prissent l'alarme au bruit du canon. Enfin, sur ses instances, il fut décidé qu'un exercice de tir aurait lieu à Vincennes le 28 mars, mais l'approche de l'ennemi ne devait point permettre de l'exécuter. Tout ce que put faire le colonel, ce fut

(1) Ordre de service de la garde nationale aux barrières et grand'-gardes, 7 mars 1814 (A. H. G., Correspondance générale, 7 mars 1814).

d'instruire de son mieux le train de son artillerie, improvisé avec des charretiers que lui avait fournis la ville de Paris.

Tandis que les élèves de l'École polytechnique se consacraient à la manœuvre des pièces avec la plus noble ardeur, un incident caractéristique montrait qu'on ne pouvait faire fond sur la bonne volonté des élèves des Écoles de droit, de médecine et de chirurgie, appelés à combattre à leurs côtés. La conscription, exercée chaque année avec plus de rigueur, les appels répétés sur les anciennes classes, avaient fini par rendre le régime impérial odieux à la jeunesse de ces écoles. Déjà, au mois de mars 1812, lors de la mise sur pied des cohortes du premier ban de la garde nationale, les 1,200 élèves de l'École de droit avaient témoigné hautement leur mécontentement, et, pour empêcher leurs manifestations nettement hostiles à l'Empereur, le préfet de police, baron Pasquier, avait dû recourir à l'expédient d'avancer de quelques jours les vacances accordées aux élèves à cette époque de l'année (1). Depuis lors, ces dispositions d'esprit s'étaient fortifiées et, le 7 février 1814, lorsque le général de Lespinasse se rendit à l'École de médecine où l'on avait aussi convoqué les élèves de l'École de droit pour les organiser en compagnies, il fut accueilli par des huées telles qu'il lui fut impossible de continuer l'appel commencé. Il dut s'enfuir précipitamment, au milieu des insultes et des outrages qui le poursuivirent jusqu'à sa demeure. L'accès de l'amphithéâtre de médecine étant public, des éléments de désordre avaient pu se mêler aux élèves, car on comptait plus de 1,000 personnes dans l'amphithéâtre, alors que le total des étudiants en médecine et en chirurgie convo-

(1) Arch. nat., F_7.3774.

qués ne dépassait pas 150, et celui des étudiants en droit, 300 (1).

Bien qu'ils n'eussent pas été conviés à cette réunion, les élèves de l'École polytechnique y étaient venus en assez grand nombre, suivant les rapports de police, mais le duc de Rovigo reconnaissait que leur attitude avait formé un heureux contraste avec celle des mutins. Rendant compte de ce grave incident à l'Empereur, il lui écrivait le soir suivant : « Depuis plusieurs jours, la police avait prévenu des mauvaises dispositions des élèves des Écoles de médecine et de droit. Néanmoins, pour abréger le travail, on les a réunis à ceux de l'École polytechnique qui montraient de la bonne volonté. A

(1) Le doyen de la Faculté de médecine, Le Roux, écrivit au Ministre de la Guerre, le jour même, pour prendre la défense de ses élèves et rejeter l'incident sur les fauteurs de désordre qui s'étaient introduits dans l'amphithéâtre. Après le départ du général, dit-il dans sa lettre, « les élèves m'ont entouré et m'ont convaincu, ainsi que plusieurs de mes collègues professeurs qui se disposaient à faire un examen, qu'ils avaient tenu une conduite irréprochable » (A. H. G., Corresp. générale, 7 février 1814). — De son côté, sans « entrer dans aucun détail sur la scène tumultueuse... à laquelle on pourrait donner une qualification plus grave si l'on ne considérait la jeunesse de ceux qui y ont pris part », le général de Lespinasse proposa au Ministre de ne point donner suite à l'organisation de ces trois compagnies d'étudiants. Sur 6 officiers convoqués, 2 seulement s'étaient présentés, alléguant tous deux des prétextes pour ne point servir. Sur les 126 élèves dont le général était parvenu à appeler les noms, 85 avaient réclamé leur radiation pour divers motifs. Le comte de Lespinasse faisait observer que, pour servir les 72 bouches à feu affectées à la garde nationale, on pouvait se passer de ces trois compagnies en donnant deux pièces de plus à chacune des neuf compagnies formées avec les Invalides et l'École polytechnique. Cette solution semble avoir été adoptée, car le général Duvivier qui, en sa qualité de sergent-major, commanda une batterie de l'École polytechnique, le 30 mars 1814, a écrit qu'il avait eu sous ses ordres une section de huit pièces (A. H. G., Corresp. générale, 7 février 1814, et *Discours au peuple sur les fortifications de Paris*, p. 7)

peine l'opération a-t-elle été commencée que des cris séditieux se sont fait entendre parmi cette multitude de jeunes gens, dont les plus mutins ont tiré quelques pétards. Le désordre a été tel que M. de Lespinasse a dû quitter la place, et les huées l'ont accompagné jusque chez lui. Ce dangereux exemple sera d'un très mauvais effet. Les têtes étaient montées à tel point qu'une mesure de rigueur non seulement n'eût pas réussi, mais aurait encore empiré le mal.... (1) ». Ce rapport du Ministre de la Police suffit à disculper les élèves de l'École polytechnique de toute participation à ce triste épisode, dont s'émurent le comte de Cessac et le baron Greiner. Ils s'empressèrent d'informer l'archichancelier Cambacérès que l'attitude de leurs élèves n'avait eu rien de commun avec la conduite insubordonnée qu'on pouvait reprocher à une partie des étudiants de l'École de droit et de médecine (2).

Les polytechniciens se livraient d'ailleurs, presque à la même heure, à une démarche pleine de générosité. Au début de février 1814, les blessés des premiers combats de la campagne de France s'étaient repliés en désordre sur Paris, et les habitants avaient été souvent attristés par le spectacle de ces malheureux, mendiant dans les rues et cherchant un asile. Les élèves de l'École polytechnique se sentirent émus de compassion à la vue de ces souffrances, et plusieurs d'entre eux présentèrent une pétition au Conseil d'administration, demandant que les lits de l'infirmerie non occupés fussent consacrés au soulagement des défenseurs de la Patrie. Cette pétition, examinée par le Conseil dans sa séance du 14 février 1814, ne pouvait manquer d'être favorablement accueillie. Il décida que le gouverneur solliciterait du Ministre de

---

(1) Arch. nat., AFIV.1043.
(2) A. É. P., *article III*, *paragraphe 2*.

l'Intérieur son approbation aux mesures suivantes : tous les anciens élèves, blessés à l'armée, seraient invités à se rendre à l'École pour y être traités « comme dans leur maison paternelle » ; 8 lits de l'infirmerie seraient en outre mis à la disposition de la ville de Paris pour y recueillir 8 sous-officiers ou soldats blessés, de l'artillerie ou du génie (1).

Cette délibération du Conseil d'administration valait à l'École une lettre flatteuse du Ministre de l'Intérieur qui s'empressait, le 15 février, d'accorder l'autorisation demandée (2), et les 8 lits de l'infirmerie étaient occupés, quelques jours plus tard, par autant de militaires blessés qui furent l'objet des soins les plus assidus et se virent pourvus, aux frais de l'établissement, de tous les effets qu'ils avaient perdus.

Aux victoires inespérées de Champaubert, Montmirail, Vauchamps, Montereau, l'École polytechnique avait tressailli de joie et de fierté, mais la capitulation de Soissons, la malheureuse affaire de Laon, vinrent bientôt annuler ces brillants succès et remettre en question l'existence même de l'Empire. A la fin de mars 1814, tandis que l'Empereur se portait audacieusement sur les communications des alliés, ceux-ci, non moins heureusement inspirés, prenaient le parti de marcher, avec la masse de leurs armées, droit sur Paris dont les défenses étaient à peine ébauchées et qui n'était couvert que par les faibles corps de Mortier et de Marmont. Une partie de la garde nationale seulement avait pu être armée, et, faute de fusils, des milliers d'ouvriers, qui ne demandaient qu'à faire le coup de feu contre l'envahisseur,

---

(1) A. É. P., *Registre des séances du Conseil d'administration.*

(2) Le comte de Montalivet au comte de Cessac, 15 février 1814 (A. É. P., *Registre des séances du Conseil d'administration*).

allaient assister impuissants, la rage au cœur, à l'héroïque résistance d'une poignée de braves qui se préparaient à disputer la possession de la capitale aux forces trois fois supérieures des alliés.

Le 28 mars 1814, le colonel Greiner avait été appelé au commandement de toute l'artillerie de la garde nationale sous les ordres du général d'Aboville, chef de l'artillerie de la défense de Paris (1). A l'approche de l'ennemi, il était parvenu à rassembler, à la barrière du Trône, les 28 pièces faisant partie de la réserve. Cette artillerie avait été tardivement attelée (il n'y avait encore, le 29 mars au matin, que 19 pièces pourvues de leurs attelages), et le colonel Greiner avait en vain réclamé auprès du général d'Aboville des chevaux du train d'artillerie. Il ne lui avait été envoyé que des chevaux et des conducteurs de rencontre, fournis par la préfecture de la Seine et l'administration des postes, qui étaient propres tout au plus au service des munitions et au service du parc (2). 240 élèves, auxquels le colonel avait obtenu d'adjoindre comme pointeurs 30 artilleurs de la Vieille Garde, passèrent la nuit du 29 au 30 mars à côté de leurs pièces, sans capotes, malgré la rigueur de la saison.

Retenu au lit par une violente attaque de goutte, le colonel Greiner avait dû remettre son commandement au major d'artillerie Evain. Il ne pouvait faire un meilleur choix pour conduire au feu, le cas échéant, les élèves de l'École. Ancien polytechnicien, aide de camp du valeureux Sénarmont, capitaine en premier dans l'artillerie à pied de la Garde en 1812, cet officier avait

(1) Le comte de Lespinasse n'avait gardé que les fonctions d'inspecteur de l'artillerie de la garde nationale.

(2) Le colonel baron Greiner à X... (peut-être le comte de Cessac ou le général Hulin, gouverneur de Paris), Paris, le 29 mars 1814 (A. H. G., Correspondance de la Grande Armée, 29 mars 1814).

été grièvement blessé au combat de Krasnoë par l'explosion d'un coffret d'artillerie. La figure brûlée, la vue perdue durant plusieurs semaines, il avait fait dans cet état, à pied, toute la retraite de Russie, soutenu et guidé par les sous-officiers de ses batteries, admirables de dévouement. Sa force d'âme était restée entière, et, en arrivant à Kœnigsberg, le général Sorbier pouvait écrire de lui à son frère, le colonel Evain (1) : « ... Beaucoup ont manqué de cette énergie et de ce courage moral qui fait qu'on peut se tirer du plus mauvais pas... Votre frère, quoique blessé, a résisté à tout, même au froid de — 25° qui nous a fait semer sur les routes de Russie nos doigts de pied et de main (2) ».

Le 30 mars, à l'aube, s'engagea la bataille de Paris. Les troupes de Marmont, formant la droite de l'armée française, ne se replièrent sur les hauteurs de Belleville qu'après avoir longtemps disputé aux ennemis les abords du Pré-Saint-Gervais, de Bagnolet et de Charonne. Vers midi, le général d'Aboville envoya l'ordre au major Evain de se porter sur la route de Vincennes à l'effet d'inquiéter le flanc gauche des colonnes ennemies qui se dirigeaient sur la Butte Chaumont. Les 28 pièces de la réserve, n'ayant pour éclaireurs que quatre gendarmes à cheval, s'engagèrent au grand trot, en colonne par pièces, sur la chaussée, alors en remblai, qui conduisait à Vincennes (3). Elles formaient une longue file, dont la

---

(1) Bientôt général, chef de la 6e division (artillerie) au ministère de la Guerre, plus tard Ministre de la Guerre en Belgique.

(2) Arch. nat., AFIV. 1098, et dossier du major Evain aux Archives administratives de la Guerre. — Ce brillant officier, appelé à rendre les plus grands services comme directeur d'artillerie à Metz et à Douai, ne devait cependant pas dépasser le grade de colonel.

(3) Pour cet épisode de la bataille de Paris, nous avons suivi les rap-

tête s'arrêta au croisement de la route de Vincennes et du chemin de Charonne à Saint-Mandé. Par un à-gauche, les pièces furent mises en batterie sur la chaussée, d'où elles pouvaient battre les abords Sud de Charonne, de Bagnolet et de Montreuil.

Elles ouvrirent aussitôt le feu sur le 2e corps de cavalerie de la grande armée des alliés, aux ordres du comte de Pahlen, dont les escadrons évoluaient en ce moment dans la plaine au Sud de Montreuil, et furent contraints à s'éloigner. Les batteries ennemies répondirent aux nôtres, et, pendant ce duel d'artillerie, plusieurs gargousses d'un caisson s'enflammèrent, brûlant assez grièvement huit des élèves qui se trouvaient à proximité du lieu de l'explosion (1).

Établie dans une direction perpendiculaire à l'enceinte de Paris, portée en avant sans soutien d'infanterie ou de cavalerie, cette longue ligne d'artillerie prêtait le flanc à une attaque de l'ennemi. Par bonheur, le remblai très élevé de la route ne permettait à la cavalerie de l'aborder que par la chaussée même. Le comte de Palhen n'avait pas renoncé à l'espoir de se rendre maître de ces batteries abandonnées à elles-mêmes, qui lui semblaient une proie facile. A l'abri d'un mur de

ports du colonel Greiner reproduits en appendice et le court aperçu qu'en a donné le général Duvivier, l'un des acteurs du combat, dans son *Discours au peuple sur les fortifications de Paris* (p. 7 et suiv.). — On pourra ainsi consulter avec fruit : la communication faite à l'Académie des Sciences, en 1869, par le mathématicien Chasles, que l'on trouvera aux Documents annexes ; l'excellent récit qu'ont donné, de la journée du 30 mars 1814, Fourcy (p. 325) et M. le commandant Pinet (p. 76) dans leur *Histoire de l'École polytechnique;* les *Souvenirs militaires* du baron de Bourgoing, p. 307 ; les *Mémoires pour servir à l'histoire de la campagne de 1814*, par Koch, t. III, p. 470 ; le *1814*, d'Henri Houssaye, p. 502.

(1) Joseph Petit, de Cullion, Bonneton, Honeau, Du Puits, Reydellet, Menjaud, Moultson.

pisé, qui bordait le chemin de Charonne, ses uhlans purent s'approcher de notre ligne d'artillerie sans en être aperçus. Ils ne furent découverts qu'à peu de distance de la route de Vincennes, par les quatre gendarmes qui observaient le débouché du chemin de Charonne et se replièrent précipitamment sur la première batterie en donnant l'alarme. Les deux pièces extrêmes de cette batterie, placées en potence pour battre l'avenue de Vincennes, ont seules le temps d'envoyer une première salve à boulets, et, avant qu'elles aient rechargé à mitraille, les uhlans sont aux prises avec nos canonniers. Deux tambours sont tués, un lieutenant et onze élèves blessés de coups de lance et de sabre (1), six élèves faits prisonniers (2). Le major Evain ordonne la retraite. Malgré le désordre avec lequel les conducteurs et les attelages improvisés exécutent le mouvement, seules, les deux pièces de flanc restent aux mains de l'ennemi.

Elles n'y demeurent que quelques instants. Des abords de la barrière du Trône, deux pièces de position balayaient les contre-allées de la chaussée. Elles étaient servies par d'héroïques Marie-Louise, « paysans en sabots, conscrits pour l'artillerie, arrivés de leurs départements le matin, et qui, ce même matin, avaient reçu leur première leçon pour charger une pièce (3) ». Ces canonniers, instruits en pleine bataille, protègent par leur feu la retraite du major Evain, pendant qu'un escadron du 7e cuirassiers, posté près de la barrière, s'élance à son secours. Une charge heureuse de cet escadron,

---

(1) Le lieutenant Rostan, les élèves Castaignède, Deroys, Lenfant, Salomon, Cournand, Léger, Leclerc, Villeneuve, Dandelin, Garcerie, François.

(2) Becquey, Forfait, Dorsenne, Duclos, Proust, Payn. Ces prisonniers furent rendus à l'École, au début d'avril 1814, sur les démarches de M. de Humboldt.

(3) Duvivier, *Discours au peuple sur les fortifications de Paris*, p. 11.

accompagnée d'un retour offensif des trois compagnies, permet de rentrer en possession des canons tombés au pouvoir des alliés. Un élève, Malpassuti, ancien fourrier au 6e Croates, qui a tué, en se repliant, un cavalier ennemi et s'est emparé de son cheval, charge bravement avec l'escadron de cuirassiers. Tandis qu'une partie des pièces se remet en batterie et recommence le feu, les élèves s'attellent aux canons reconquis et les ramènent vers la barrière du Trône où la réserve ne tarde pas à prendre position.

Elle s'y trouvait rassemblée à la fin de la journée. Vers 11 h. 30 du soir, le major Evain reçut du général d'Aboville l'ordre de suivre, avec ses batteries, le mouvement de retraite de l'artillerie de l'armée sur Fontainebleau, après avoir fait prendre aux élèves des fusils et des cartouches à l'arsenal. Cet ordre devait être exécuté sur-le-champ, car la capitulation, signée dans la nuit par Marmont et Mortier, portait que Paris serait évacué le 31, à 7 heures du matin. Un grand nombre d'élèves revinrent à l'École et y prirent à la hâte leurs effets. Le colonel Greiner, retenu par ses infirmités, n'avait pu que répartir entre les officiers du bataillon les fonds disponibles dans la caisse du trésorier.

Le mouvement de retraite commença à 3 heures du matin. Harassés par les fatigues des jours précédents, trop jeunes en majorité pour supporter la nouvelle épreuve d'une marche de nuit, plus des deux tiers des élèves ne purent suivre l'artillerie de la Garde et demeurèrent à Paris chez leurs parents ou leurs amis. Quatre-vingts environ prirent la route de Fontainebleau, d'où ils furent dirigés sur Orléans, Blois et Rennes (1). En cours de route, ils apprirent la fin des hostilités et l'abdication de l'Empereur.

---

(1) Ils quittèrent Blois pour Rennes, le 8 avril 1814, au nombre de

*
* *

L'honorable conduite de l'École sous les murs de Paris ne devait pas rester sans récompense. Le 5 août 1814, par une ordonnance où il rendait justice à la bravoure de l'armée et de la garde nationale de Paris, Louis XVIII accordait à cette dernière huit décorations par légion. Dans cette répartition, l'artillerie de la garde nationale était considérée comme une légion à laquelle était rattachée l'École polytechnique. Le colonel Greiner, chargé d'établir les propositions en faveur des sujets les plus méritants, désigna le capitaine trésorier Marielle qui, en février et mars 1814, avait rempli les fonctions d'adjudant-major des trois compagnies d'artillerie et qui, par ses services signalés et par la dignité de son caractère, avait su conquérir l'estime générale. Il proposa ensuite trois des élèves : le sergent-major Petit (Jean-Jacques), qui avait rempli, à la même époque, les fonctions d'adjudant et était, sous tous les rapports, le meilleur élève de l'École ; le héros de la journée du 30 mars, Malpassuti ; enfin le sergent de Cullion, le plus grièvement atteint des blessés de cette journée. Toutes ces propositions étaient ratifiées par le général Dessolle, commandant la garde nationale de Paris, à qui elles avaient été soumises, et la croix de la Légion d'honneur accordée, par une ordonnance du 28 septembre 1814, au capitaine Marielle et, par une ordonnance du 19 septembre, aux élèves Petit, Malpassuti et de Cullion. Ces

---

8 officiers et 79 élèves sous la conduite du commandant Durivau, directeur des études. Le Ministre de l'Intérieur, Montalivet, réfugié à Blois, écrivit à Clarke, le 7 avril, pour demander que les élèves, en cours de route, fussent traités comme sergents d'artillerie (A. H. G., Corresp. de la Grande Armée, 7 et 8 avril 1814).

trois derniers furent décorés, avec les autres gardes nationaux, de la main même du comte d'Artois, colonel général des gardes nationales du royaume, dans une imposante cérémonie qui eut lieu le 12 décembre 1814 (1).

Là ne se bornèrent pas les distinctions accordées aux élèves à la suite de la défense de Paris. Aux Cent-Jours, l'une des premières visites de l'Empereur fut pour l'École polytechnique. Le 27 mars 1815, il la passa en revue, félicita les élèves de leur belle attitude au combat du 30 mars 1814, et décora de sa main deux des blessés de ce combat, Houeau et Bonneton (2). Deux jours auparavant, le Ministre de l'Intérieur, Carnot, avait adressé une lettre des plus flatteuses au comte Dejean, qui avait remplacé le comte de Cessac dans le gouvernement de l'École, pour lui demander un rapport détaillé sur l'affaire du 30 mars 1814 : « Les élèves, écrivait le Ministre au gouverneur le 25 mars 1815, ont donné une preuve éclatante de patriotisme à l'époque de l'attaque de Paris par les puissances coalisées : les ennemis eux-mêmes ont admiré le courage et la belle conduite de ces jeunes gens. Je me propose de solliciter en leur faveur les bontés de l'Empereur. Je vous prie de m'adresser l'état nominatif des élèves qui étaient alors à l'École et d'y joindre un rapport dans lequel vous indiquerez, avec détail, les faits les plus remarquables des opérations militaires auxquelles ils ont pris part et le nom de ceux qui se sont distingués d'une manière particulière (3) ».

Le rapport demandé par le Ministre de l'Intérieur fut rédigé par le baron Greiner et adressé à Carnot le 30 mars

(1) Voir le *Moniteur* du 13 décembre 1814.

(2) A son retour, Louis XVIII annula tous les actes des Cent-Jours, et le décret du 27 mars 1815, accordant la croix aux élèves Houeau et Bonneton, fut rapporté.

(3) A. É. P., *article III, paragraphe* 2.

1815. Il est reproduit plus loin et mettra en lumière, mieux que nous n'avons pu le faire, cet épisode de la défense de Paris en 1814 d'où date, non sans raison, la popularité de notre grande École. La France et Paris n'oublièrent pas qu'à l'heure de l'invasion les polytechniciens n'avaient plus vu dans Napoléon que le représentant de la Patrie, le grand capitaine seul capable de repousser l'ennemi au delà du Rhin; qu'ils avaient jeté vers l'Empereur un cri de sublime dévouement et couru, pleins de bonne volonté, faire l'office de simples canonniers à la barrière du Trône. Quant aux élèves, l'épopée impériale close, ils demeurèrent ce qu'ils étaient en 1814, ardemment épris de liberté. Aux Journées de juillet 1830, la Restauration devait les trouver au premier rang de ses adversaires, bravant joyeusement la mort, à la tête des vétérans des guerres de l'Empire et des combattants du 30 mars 1814, pour reconquérir ce drapeau tricolore qui leur rappelait l'époque glorieuse de la fondation de leur chère École, et qu'ils n'avaient vu disparaître qu'à regret.

DOCUMENTS ANNEXES

I

Les élèves à l'intérieur et au dehors de l'École à la fin de 1813.

Les Élèves au gouverneur, comte de Cessac.

A l'École polytechnique, le 29 novembre 1813 (1).

Général, les élèves des deux divisions se sont réunis pour faire de la musique, et l'état-major, ainsi que les personnes attachées à l'administration, ont bien voulu les honorer de leur présence. Il y a quelques années, les concerts se donnant dans l'amphithéâtre de chimie, Votre Excellence avait accordé aux élèves la permission d'y inviter les dames de la maison. Depuis, le nombre des musiciens ayant été peu considérable, on a été forcé d'abandonner les grands concerts et l'on n'a plus fait de musique que dans l'intérieur de la caserne. Aujourd'hui que nous sommes suffisamment nombreux pour reprendre les anciens usages, et que nous donnons, d'après l'aveu de M. Durivau, des concerts tous les 15 jours dans le grand amphithéâtre, nous prions Votre Excellence de vouloir bien nous accorder la permission d'y inviter les dames, faveur qu'Elle avait jugée être sans inconvénient pour nos prédécesseurs et que tous les élèves désirent ardemment obtenir.

Nous sommes avec le plus profond respect, Général, vos très humbles et très obéissants serviteurs,

COIGNET (2), *directeur de la musique.*

Le Conseil d'ordre a discuté la question s'il convenait d'accorder aux élèves la faculté d'inviter les dames de l'École à leurs concerts.

Il a été unanimement d'avis qu'il y aurait de l'inconvénient à accorder cette permission.

Le baron GREINER, *président* (1).

Paris, le 30 novembre 1813.

---

(1) A. É. P., *article III, paragraphe 2.*

Dans la marge, on lit cette annotation : Renvoyé au Conseil de l'ordre pour avoir son avis, 29 novembre.

CESSAC.

(2) Voir, plus loin, la note consacrée à cet élève.

Le duc de Rovigo au comte de Cessac.

Paris, le 22 novembre 1813.

Monsieur le Comte, divers renseignements que j'ai reçus me signalent sous des rapports défavorables les jeunes gens de l'École polytechnique.

Ils annoncent qu'ils manifestent un mauvais esprit, soit entre eux soit dans les endroits où ils se trouvent lorsqu'ils sortent de l'École.

J'ai cru devoir communiquer ces documents à Votre Excellence.

Je la prie d'agréer les assurances de ma plus haute considération (1)

Ordre du 30 décembre 1813.

Le bataillon est prévenu que la conduite peu décente, tenue par un grand nombre d'élèves au Théâtre Français, le 25 du courant, a déterminé M. le Gouverneur à interdire indéfiniment l'entrée de tous les spectacles aux élèves de l'École.

Les ordres sont donnés pour que tout élève qui se présentera à un théâtre en contravention à la présente défense soit arrêté et reconduit à l'École où il sera sérieusement puni.

L'officier supérieur de semaine,
Le colonel GREINER.

Son Excellence le gouverneur, en approuvant cet ordre, a ajouté :

Les élèves, qui désireront aller au spectacle, pourront demander et obtenir des permissions spéciales *ad hoc*. Ils en seront porteurs.

Faire connaître cette addition par la voie de l'ordre.

Le comte de CESSAC (1).

II

Adresses des élèves au comte de Cessac et à l'Empereur.

Le comte de Cessac à l'Empereur.

Sire,

J'ai l'honneur de mettre sous les yeux de Votre Majesté Impériale et Royale la pétition des élèves de l'École polytechnique pour être envoyés en masse au-devant de l'ennemi.

---

(1) A. É. P., *article III, paragraphe 2.*

Si Votre Majesté pensait que ces jeunes gens, l'espoir de l'avenir, ne pourraient rendre là des services proportionnés aux espérances dont on se priverait, peut-être pourrait-Elle les destiner à la garde spéciale de Sa Majesté le Roi de Rome. Elle ne pourrait choisir des défenseurs plus enthousiastes, plus dévoués. Ou, si Votre Majesté ne croyait pas devoir leur réserver un sort si beau, ne pourrait-Elle leur confier l'artillerie qu'Elle croira devoir affecter à la garde nationale parisienne? Bientôt ils sauraient la manœuvrer, et ils mourraient tous avant de la laisser prendre ou mal employer.

Le comte de CESSAC (1).

Paris, 31 décembre 1813.

Les Élèves de l'École polytechnique au comte de Cessac.

Général,

Nous voyons les besoins de la Patrie. Nous sommes Français : c'est en cette qualité que nous demandons à marcher contre l'ennemi. Veuillez faire parvenir au pied du trône l'expression de nos sentiments.

Nous désirons, Général, partir en masse, organisés comme nous le sommes à la caserne, et ne rentrer à l'École que lorsque l'ennemi aura été repoussé.

Nous sommes avec un profond respect, Général, vos très humbles et très obéissants serviteurs,

Les élèves de l'École polytechnique :

CORNÉLY, fourrier; PETIT J.-J., sergent-major;
DUVIVIER, sergent-major; COIGNET, sergent fourrier.

De l'École polytechnique, ce 29 décembre 1813 (1).

Les Élèves de l'École polytechnique à l'Empereur.

Sire,

La Patrie a besoin de tous ses défenseurs. Les élèves de l'École polytechnique, fidèles à leur devise, vous demandent, Sire, de voler aux frontières pour partager la gloire des braves qui se dévouent au salut de la France. Le Bataillon, sous ses braves officiers, fier d'avoir contribué à la défaite des ennemis, reviendra, dans cette enceinte, cultiver les sciences et se préparer à de nouveaux services.

---

(1) Arch. nat., AFIV.1153.

Nous sommes, Sire, avec un profond respect, de Votre Majesté, les très humbles et très fidèles sujets.

Les élèves de l'École impériale polytechnique :

CORNÉLY, sergent fourrier (1); J.-J. PETIT, sergent-major (2); DUVIVIER, sergent-major (3); COIGNET, sergent fourrier (4).

De l'École polytechnique, ce 29 décembre 1813 (5).

---

(1) Fils d'un négociant de Boppard (Rhin-et-Moselle), le fourrier Cornély (François-Xavier) était entré, à 20 ans, à l'École avec le n° 4 (en 1812, en même temps que les trois autres signataires de l'adresse). Son pays ayant cessé d'appartenir à la France en 1814, il donna sa démission et prit plus tard du service dans le corps du génie en Prusse (Arch. admin. de la Guerre et Marielle, *Répertoire de l'École polytechnique*).

(2) Petit (Jean-Jacques). Cet élève, né à Besançon, fils d'un propriétaire, était entré, à 18 ans, à l'École, avec le n° 47. Il en sortit, en 1814, le premier de la liste générale et le premier dans les Ponts et Chaussées où il devait devenir ingénieur en chef. Comme nous l'avons vu plus haut, il remplit les fonctions d'adjudant, en février et mars 1814, dans l'état-major des trois compagnies d'artillerie formées à l'École et fut décoré le 12 décembre 1814 (Arch. admin. de la Guerre et Marielle, *Répertoire de l'École polytechnique*).

(3) Duvivier (Franciade-Fleurus). Son père était, à l'époque de sa naissance, à Rouen, le 7 juillet 1794, capitaine dans l'artillerie de la marine. Entré à l'École à 18 ans, avec le numéro 2, le jeune Duvivier commanda, en sa qualité de sergent-major, une batterie, le 30 mars 1814. Sorti dans le génie en 1814, passé à l'état-major de cette arme, appelé au commandement du 2e bataillon de zouaves à la création de ce corps en 1830, familier avec le service de troupe et les fonctions d'état-major, ayant des connaissances étendues dans toutes les sciences, il fut l'un des pionniers les plus actifs parmi ces officiers d'élite : Clauzel, Bugeaud, Damrémont, etc., qui nous assurèrent la possession de l'Algérie. Général de division, représentant du peuple en 1848, ce brillant officier devait mourir, la même année, des suites de blessures reçues en combattant les insurgés de juin (Arch. admin. de la Guerre).

(4) Coignet (Robert-Paul), né à Paris, fils d'un employé du Trésor impérial, il entra à l'École à 17 ans, avec le n° 16, en sortit dans l'arme du génie et prit sa retraite comme capitaine en 1840 (Arch. admin. de la Guerre).

(5) Arch. nat., AFIV.1153.

III

Sur les inconvénients de faire entrer les élèves, comme sous-lieutenants, dans l'infanterie de la Garde impériale.

Le comte de Cessac à l'Empereur.

A Sa Majesté l'Empereur et Roi.

Sire,

Le général comte Drouot m'a fait l'honneur de m'écrire, par ordre de Votre Majesté Impériale et Royale, qu'Elle désirait placer dans les cadres de l'infanterie de la Garde des élèves de l'École polytechnique qui désireraient y entrer.

Dès l'instant où j'eus reçu cette lettre, je chargeai le colonel Greiner, qui commande le bataillon, de me présenter l'état de ceux de ces élèves qui désireraient prendre ce parti.

Le colonel et le Conseil d'ordre, frappés des inconvénients majeurs qui pourraient résulter de cette mesure, m'ont prié de les mettre sous les yeux de Votre Majesté.

On ne peut, m'ont-ils dit, prendre dans la 1re division qui va sortir parce qu'à peine elle suffira pour le génie militaire et l'artillerie. Il serait dommage de n'employer que dans l'infanterie des jeunes gens formés pour les corps savants et déjà dignes d'y entrer.

Quant à la 2e division, qui est celle qui vient d'arriver, les jeunes gens qui la composent commencent bien à connaître les exercices du soldat d'infanterie, mais ils n'ont encore rien appris des devoirs de l'officier de cette arme.

A ces observations, puisées dans la nature des choses, le colonel a ajouté que la 2e division était composée de jeunes gens pleins de dévouement pour Votre Majesté, mais la plupart d'un âge trop tendre pour supporter les fatigues qu'éprouve la Garde de Votre Majesté.

Il a ajouté aussi que l'annonce de ce projet de Votre Majesté jetterait parmi cette jeunesse, déjà incandescente d'ardeur guerrière, un feu qui les détournerait tous pendant longtemps de leurs études.

Que, s'il ne s'en présentait qu'un petit nombre, ce serait un bien petit secours; que, s'il s'en présentait beaucoup, ce serait épuiser des ressources précieuses et impossibles à remplacer pour un faible intérêt.

Frappé par ces considérations, j'ai cru, Sire, devoir les mettre sous les yeux de Votre Majesté en La priant de me faire connaître ses intentions définitives.

Sans doute, Sire, l'épée et le génie de Votre Majesté empêcheront l'ennemi de venir à Paris. Sans doute, la Garde nationale, s'il arrivait un malheur ou une émeute, couvrirait de son corps l'auguste famille de Votre Majesté, mais je crois que les trois cents élèves de l'École acquerraient, si de pareilles circonstances se présentaient, des droits très particuliers aux bontés de Votre Majesté, surtout si, comme je le Lui ai demandé il y a quelque temps, Elle daignait leur confier une batterie de six pièces de 4.

Je suis, Sire, de Votre Majesté Impériale et Royale le très humble et très fidèle serviteur et sujet.

Le comte de CESSAC, *Ministre d'État,*
et gouverneur de l'École impériale polytechnique.

Paris, le 27 janvier 1814 (1).

IV

Sur la nécessité de laisser aux élèves de l'École polytechnique leurs fusils.

Le général baron Evain, chef de la 6e division au ministère de la Guerre, au comte de Cessac.

Paris, 28 janvier 1814.

M. le Comte, Sa Majesté ayant ordonné de former trois compagnies d'artillerie de tous les élèves de l'École polytechnique, et tous les corps d'artillerie ne devant plus avoir de fusils, je vous invite à faire tenir à la disposition de M. le Préfet de la Seine (2) tous les fusils qui avaient été donnés à l'École polytechnique et qui lui seront rendus aussitôt qu'elle aura cessé le nouveau service auquel elle est appelée (3).

Le comte de Cessac au comte de Montalivet, Ministre de l'Intérieur.

Paris, le 1er février 1814.

Monsieur le Comte,

Je m'empresse de répondre à la lettre que Votre Excellence m'a fait l'honneur de m'écrire concernant la remise à la garde nationale

---

(1) Arch. nat., AFIV. 1153.
(2) Baron Chabrol.
(3) A. É. P., *article III, paragraphe 2.*

de Paris des fusils des élèves de l'École polytechnique. Déjà le Ministre de la Guerre m'avait fait écrire à ce sujet par M. le général Evain, chef de la 6e division de son ministère. Les inconvénients de cette mesure m'ont paru assez graves pour m'en faire différer l'exécution jusqu'à nouvelle décision. Votre Excellence trouvera dans les copies ci-jointes de mes lettres au Ministre, à M. le général Evain et à M. le sénateur Lespinasse, ce que nous avons fait pour notre organisation et le détail des motifs qui militent pour que les fusils ne soient pas ôtés aux élèves.

Les secours que l'on peut tirer de ces jeunes gens dont l'intelligence, le zèle et le dévouement ne laissent rien à désirer, me paraissent tellement importants que je crois qu'on ne saurait leur fournir trop de moyens de coopérer à la défense de l'État.

J'écris à Sa Majesté le roi Joseph pour lui présenter ces considérations. Je me flatte qu'il appréciera mes motifs et que, s'il ne peut rapporter entièrement la disposition qu'il a prise, il la modifiera du moins de manière que le service de l'Empereur ne soit exposé à aucun dommage sensible.

Je remets ci-joint à Votre Excellence copie de ma lettre.

Veuillez agréer, M. le Comte, les nouvelles assurances de ma haute considération et de mon sincère attachement.

Le comte DE CESSAC (1).

Copie de la lettre écrite par S. Ex. M. le comte de Cessac, gouverneur de l'École polytechnique, à S. Ex. le Ministre de la Guerre, le 30 *janvier* 1814.

Monsieur le Duc,

J'ai l'honneur de rendre compte à Votre Excellence que les trois compagnies d'artillerie de l'École polytechnique ont été organisées sous le commandement supérieur de M. le colonel Greiner. Déjà deux batteries, formant 12 pièces, sont arrivées à l'École. Les élèves vont être, dès ce moment, occupés de l'instruction théorique et pratique. J'ai vu M. le général Lespinasse, et je lui ai donné les renseignements qu'il pouvait désirer. Je l'ai entretenu des besoins que les

---

(1) Arch. nat. F_9, *Gardes nationales, Paris, 1814*. — En marge de cette lettre, le Ministre de l'intérieur a porté lui-même cette annotation : Attendre quelques jours une nouvelle décision.

compagnies auraient d'officiers, de sous-officiers et de canonniers, pour accélérer les progrès de l'instruction. Il a reçu de M. le colonel Greiner, qui en a adressé en même temps un double à M. le général Evain, l'état détaillé de nos besoins en ce genre. Je ne puis que prier Votre Excellence de donner les ordres pour que les moyens d'instruction qui nous manquent nous soient bientôt fournis.

Le complet de l'École n'étant que de 330 élèves, dont 220 valides, les compagnies ne seront que de 106 hommes environ. J'ai pensé que M. le colonel Greiner aurait besoin d'un officier pour le seconder dans les détails du service, et, pour établir les rapports d'ordre qui doivent exister entre les trois compagnies, j'ai désigné en conséquence, pour adjudant-major, M. Marielle, ancien capitaine de troupes à cheval, attaché à l'École polytechnique comme quartier-maître secrétaire des Conseils. J'ai désigné aussi un sous-officier pour remplir les fonctions d'adjudant. Je prie Votre Excellence d'approuver ces choix qui m'ont paru nécessaires.

Je dois dire à Votre Excellence que les élèves sont animés du meilleur esprit, que les pièces d'artillerie sont entrées dans l'École aux cris mille fois répétés de Vive l'Empereur. Je ne crois pas que Sa Majesté puisse réunir une troupe de serviteurs plus dévoués et mieux en état de La servir à quelque poste qu'ils soient appelés.

J'ai l'honneur, etc.

Le comte DE CESSAC (1)

Copie de la lettre du Gouverneur de l'École impériale polytechnique à M. le baron Evain, général d'artillerie, chef de la 6e division du ministère de la Guerre.

Paris, le 30 janvier 1814.

Monsieur le Général, M. le colonel Greiner m'avait communiqué la lettre que vous lui avez écrite pour demander que les fusils, dont sont armés les élèves de l'École polytechnique, soient remis à la Préfecture du département de la Seine pour servir à l'armement de la garde nationale. J'ai reçu aussi celle que vous m'avez écrite sur le même objet. Cette disposition m'a paru entraîner des inconvénients si graves, que j'ai cru devoir en suspendre l'effet, bien certain que Son Excellence le Ministre de la Guerre daignera approuver mes motifs.

---

(1) Arch. nat. F9, *Gardes nationales, Paris, 1814.*

C'est sans doute parce que les élèves sont destinés à faire le service des batteries d'artillerie de la garde nationale qu'on a jugé qu'ils n'ont pas besoin d'autres armes. Cette observation, juste en général, ne me paraît plus telle, étant appliquée aux élèves.

Indépendamment du service de l'artillerie, qui ne peut être fait d'une manière active qu'en campagne ou aux postes qui leur seront assignés, les élèves ont encore à concourir à la sûreté intérieure de la capitale. Casernés dans un quartier éloigné, ayant à garder un parc de douze pièces de canon dépourvues de munitions, quels seraient leurs moyens de défense s'il survenait une émeute? De quelle utilité seraient-ils à la chose publique? Et, quand même les pièces seraient approvisionnées, comment résisteraient-ils, ne pouvant en faire usage dans un terrain aussi resserré? Comment, si quelque danger venait à menacer la personne de l'Impératrice, se rendraient-ils au quartier général ou aux postes indiqués, sans fusils et sans baïonnettes, pour défendre leurs pièces? Ne serait-ce pas les exposer à être sacrifiés sans avoir pu rendre aucun service à l'État? Je pourrais multiplier à l'infini les raisons qui militent en faveur de mon opinion, mais je crois en avoir assez dit.

Je vous serai obligé de mettre mes observations sous les yeux de Son Excellence le Ministre de la Guerre. J'ose espérer qu'il les appréciera. Si cependant Son Excellence persistait à vouloir que nous remissions quelques fusils à la garde nationale parisienne, je vous prie, Général, de demander que le nombre en soit borné à cent au plus, et que ces armes soient remplacées par des sabres. Je regarde comme indispensable au bien du service de Sa Majesté de laisser le reste aux élèves.

J'ai l'honneur, etc.

Le comte de CESSAC (1).

Copie de la lettre écrite par M. le comte de Cessac, gouverneur de l'École polytechnique, à M. le comte Lespinasse, commandant en chef l'artillerie de la garde nationale parisienne, en date du 30 *janvier* 1814.

Monsieur le Comte, j'ai l'honneur de vous faire connaître que les trois compagnies d'artillerie de l'École polytechnique sont organisées, conformément au décret du 24 janvier, et que M. le colonel Greiner en a pris le commandement supérieur. Vous avez vu, par l'état de situa-

---

(1) Arch. nat. F_9, *Gardes nationales, Paris, 1814.*

tion de l'École que M. le colonel vous a remis, que l'effectif des compagnies ne pourrait être que de 106 hommes environ, au lieu de 120 que porte le décret. Cette circonstance diminue de 40 hommes le complet sur lequel on avait compté.

M. le colonel vous a exposé le besoin qu'il aurait, pour l'instruction de détail, de 6 sous-officiers et de 18 soldats d'artillerie, ainsi que de quelques artificiers et de deux tambours. Il vous a annoncé également le besoin d'un officier de l'arme d'artillerie par compagnie. Je vous prie de demander au Ministre de la Guerre de mettre le plus promptement possible à notre disposition ces moyens d'instruction, sans lesquels nous n'atteindrions que d'une manière imparfaite le but qu'on se propose.

Il m'a paru utile, pour compléter l'état-major et pour lier le service des compagnies entre elles, qu'il y eût un adjudant-major et un adjudant sous-officier auprès de M. le colonel, pour qu'il fût secondé dans tous les détails du service et pour la transmission des ordres. J'ai désigné, pour adjudant-major, M. Marielle, quartier-maître secrétaire des Conseils de l'École, ancien capitaine de troupes à cheval, officier intelligent et connaissant le service de l'état-major. Je vous prie, M. le Comte, de faire confirmer cette désignation par le Ministre de la Guerre.

M. le colonel Greiner m'a communiqué un ordre de M. le général Evain pour la remise, à la garde nationale de Paris, des fusils des élèves. Cette mesure m'a paru entraîner des conséquences si fâcheuses que j'ai suspendu l'exécution jusqu'à nouvelle décision du Ministre. Je viens d'en écrire à M. le général Evain. Je lui fais sentir que la position de l'École, casernée dans un quartier éloigné, exige que les élèves soient armés de fusils et baïonnettes afin de pouvoir, en cas d'émeute, défendre les pièces qui leur sont confiées; que, si quelque danger venait à menacer la personne de l'Impératrice, ils ne pourraient, sans armes, se porter au quartier général ou dans tout autre poste sans être exposés à voir leurs pièces enlevées, et qu'eux-mêmes courraient les risques d'être sacrifiés sans avoir rendu aucun service à l'État.

Je vous prie, M. le Comte, de faire valoir de votre côté ces considérations auprès du Ministre de la Guerre et de lui demander de conserver les armes aux élèves.

Veuillez...

Le comte de CESSAC (1).

---

(1) Arch. nat., F_9, *Gardes nationales, Paris, 1814.*

Le comte de Cessac au roi Joseph.

Paris, le 1er février 1814.

A Sa Majesté le roi Joseph, lieutenant général de l'Empereur,

Sire,

Son Excellence le Ministre de l'Intérieur vient de me prévenir que, d'après une autorisation de Votre Majesté, ceux des fusils de l'École polytechnique qui ne sont pas nécessaires à l'armement des trois compagnies d'artillerie que forment les élèves, doivent être confiés à la garde nationale de Paris.

Je suis prêt, Sire, à obéir aux ordres de Votre Majesté, mais je dois aux intérêts du service de l'Empereur de vous présenter les inconvénients graves qui peuvent résulter de l'exécution de cette disposition.

Les élèves de l'École polytechnique sont casernés dans un quartier éloigné. Deux batteries de 12 pièces, non approvisionnées, leur ont été confiées pour s'exercer aux manœuvres d'artillerie. Si l'on ôte aux élèves leurs fusils et leurs baïonnettes, quels seront les moyens, en cas d'émeute, de défendre ces batteries? Alors même qu'elles seraient approvisionnées, quels moyens de résistance pourrait-on en tirer dans un terrain resserré?

Si les circonstances rendaient nécessaire, auprès de la personne de l'Impératrice ou dans quelque poste important, la présence d'un corps d'élite tel que celui des élèves, comment cette troupe désarmée se rendrait-elle, avec ou sans ses pièces, sur le point menacé? Ne serait-ce pas la mettre dans le cas d'être sacrifiée sans aucun but utile à l'État?

Je sais, Sire, que les soldats d'artillerie n'ont point de fusils; mais ils sont armés de sabres et d'un pistolet, et ces armes manquent aux élèves (1). Leur position dans la capitale les met d'ailleurs dans le cas de faire le double service de canonniers et de soldats d'infanterie. J'ajouterai que, jusqu'à ce qu'ils aient acquis l'instruction suffisante pour faire

---

(1) Les sabres ne tardèrent pas à être fournis aux élèves, car on lit au *Registre du Conseil d'administration de l'École* à la date du 23 avril 1814 : « *Mémoire à payer à l'armurier.* — M. l'administrateur présente au Conseil un mémoire de l'armurier (M. Rousseau) pour numérotage de sabres et de baudriers et pour réparation et remplacement de sabres. Ce mémoire, visé par l'officier chargé de l'armement, s'élève à la somme de 141 fr. 45. Le Conseil approuve le payement de ce mémoire. La dépense pour remplacement et réparations sera imputée et retenue sur la solde des élèves. Celle pour la marque des baudriers et des

usage de leurs pièces, on se priverait, en leur ôtant leurs armes, des secours d'un des meilleurs corps que l'Empereur ait à son service.

J'ai présenté, Sire, ces considérations à Son Excellence le Ministre de la Guerre. Je lui ai demandé de réduire à cent au plus le nombre des fusils de l'École à remettre à la garde nationale et de remplacer ces armes par des sabres. C'est parce que j'ai l'intime conviction de l'utilité dont peuvent être les services des élèves que je prie Votre Majesté de ne pas diminuer aucun des moyens qu'ils peuvent employer à la défense de l'État.

Je terminerai ma lettre en annonçant à Votre Majesté que les trois compagnies sont organisées, mais que le défaut d'instructeurs n'a pas encore permis de les faire manœuvrer. Les élèves, en attendant, se livrent à la théorie. J'ai fait connaître à Son Excellence le Ministre de la Guerre tous nos besoins et, s'il nous arrive demain des instructeurs, comme on vient de me le promettre, les élèves seront de suite exercés, et leur aptitude et leur bonne volonté, jointes au zèle de M. le colonel Greiner, leur commandant, me répondent de la rapidité de leurs progrès.

Je suis, Sire, de Votre Majesté, le très humble et très respectueux serviteur (1).

V

Sur l'organisation des élèves en compagnies d'artillerie, leur service aux barrières de Paris et la situation du personnel, du matériel et du train de l'artillerie de la garde nationale de Paris, à la fin de mars 1814.

Le duc de Feltre au comte de Cessac.

Paris, le 26 janvier 1814.

Monsieur le Comte, j'ai l'honneur d'informer Votre Excellence que, par décret impérial du 24 de ce mois, Sa Majesté a ordonné de former trois compagnies d'artillerie à l'École polytechnique.

---

sabres sera payée sur le fonds des pensions (masse des dépenses imprévues) ».

Au même Registre on trouve, à la date du 30 avril 1814, mention d'un payement fait à l'armurier pour numérotage de 350 sabres et baudriers (A. É. P.).

(1) Arch. nat., F_9, *Gardes nationales, Paris, 1814.*

Ces compagnies sont destinées à servir l'artillerie de la garde nationale de Paris, et M. le général comte Lespinasse, sénateur, commandant en chef cette artillerie, est chargé de l'organisation de ces trois compagnies.

Chaque compagnie sera composée ainsi qu'il suit :

	1	capitaine ;
	1	lieutenant ;
	1	sergent-major ;
	3	sergents ;
	1	fourrier ;
	6	caporaux ;
	3	artificiers ;
	104	canonniers ;
	2	tambours.
TOTAL...	120	hommes.

Le colonel Greiner, commandant de l'École polytechnique, est nommé commandant supérieur des trois compagnies d'artillerie qui seront formées à cette École. Il commandera en même temps les trois batteries qui seront servies par ces compagnies.

J'invite Votre Excellence à donner au général Lespinasse tous les renseignements qui lui sont nécessaires pour l'organisation des trois compagnies dont il s'agit (1).

Ordre du jour du 29 *janvier* 1814.

Le bataillon est prévenu que, d'après un décret de Sa Majesté, en date du 24 du courant, les élèves de l'École polytechnique sont appelés à fournir trois compagnies destinées à servir une partie de l'artillerie de la garde nationale de Paris. M. le baron Greiner est nommé commandant supérieur des trois compagnies sous les ordres de M. le sénateur comte de Lespinasse, commandant en chef l'artillerie.

L'organisation aura lieu dès aujourd'hui. Des pièces d'artillerie vont être amenées à l'École polytechnique. Les élèves seront exercés à la théorie et à la manœuvre aux heures qui seront fixées.

Sa Majesté ne pouvait répondre, d'une manière plus honorable pour l'École, au noble empressement que les élèves ont montré lorsqu'ils ont demandé de concourir à la défense de l'État envahi. Les élèves

---

(1) A. É. P., *article III, paragraphe 2.*

sauront justifier la confiance que Sa Majesté leur témoigne : le gouverneur en a pour garants l'excellent esprit qui les anime et les services glorieux de leurs anciens camarades.

Le comte DE CESSAC (1).

Le général Evain au colonel d'artillerie baron Gretner, commandant les compagnies d'artillerie de l'École impériale polytechnique, à Paris.

30 janvier 1814.

..... Son Excellence (le Ministre de la Guerre) me charge de vous inviter à compléter, sans aucun délai, l'organisation de ces trois compagnies afin de les exercer et de les instruire le plus promptement possible (2).

Le duc de Rovigo au duc de Feltre.

Paris, 31 janvier 1814.

Monsieur le Duc, j'ai l'honneur de communiquer à Votre Excellence une idée qui m'est venue ce soir.

On pourrait, ce me semble : 1° placer dans l'École polytechnique quelques pièces de canon sur lesquelles les élèves s'exerceraient ; 2° faire venir, avec armes et bagages, à l'École militaire, où il y a de la place dans le moment actuel, les Écoles de Saint-Cyr et de Saint-Germain. Cette jeunesse est pleine de courage et formerait une troupe d'élite qui, si cela devenait nécessaire, rendrait d'excellents services et aurait en outre l'avantage d'entraîner beaucoup de monde par son exemple.

Agréez, je vous prie, Monsieur le Duc, les nouvelles assurances de ma plus haute considération.

Le duc DE ROVIGO (3).

---

(1) A. É. P., *Registre des ordres du gouverneur.*
(2) A. É. P., *article III, paragraphe 2.*
(3) A. H. G., Corresp. générale, 31 janvier 1814.

Le duc de Feltre au duc de Rovigo.

2 février 1814.

Monsieur le Duc, j'ai reçu la lettre que Votre Excellence m'a fait l'honneur de m'écrire le 31 janvier relativement aux élèves de l'École polytechnique et aux élèves des Écoles de Saint-Cyr et de Saint-Germain.

J'ai l'honneur d'informer Votre Excellence qu'il y a déjà à l'École polytechnique 18 pièces de canon (1) avec lesquelles les élèves s'exercent à la manœuvre. Quant aux élèves des Écoles militaires de Saint-Cyr ou de Saint-Germain, comme ils se trouvent sous la main du Gouvernement et qu'ils peuvent être promptement rassemblés à Paris, si les circonstances venaient à l'exiger, je pense, Monsieur le Duc, qu'il suffit, pour éviter toute interruption dans leurs exercices, de les tenir prêts à se porter sur Paris au premier ordre.

Agréez, etc. (2).

Ordre du 9 février 1814.

Par décision de Son Excellence le gouverneur de l'École, l'interrogation générale d'analyse pour la 1re division est retardée jusqu'à nouvel ordre (3).

Ordre du 9 février 1814.

A dater de demain, les élèves pouront être exercés à tous les instants du jour à la manœuvre du canon, suivant que le colonel Greiner le jugera utile à leur instruction (4).

Le comte de Cessac.

---

(1) 12 pièces (2 batteries de 6 pièces) d'après le rapport du colonel Greiner que l'on trouvera plus loin.

(2) A. H. P., Corresp. générale, 2 février 1814, et Arch. nat. F_7, 4291.

(3) A. É. P., *Registre des ordres du gouverneur.*

(4) *Ibidem.*

Ordre du jour de la garde nationale sédentaire de Paris (Extrait).

Paris, ce 4 mars 1814.

Les barrières principales et qu'il faut laisser ouvertes de jour et de nuit, pour les communications civiles et militaires, continueront d'être gardées en force par des postes de la ligne et de la garde nationale, et par de l'artillerie.

Les pièces d'artillerie, qui sont à des barrières peu importantes, seront réunies aux barrières principales ou aux réserves d'artillerie afin de diminuer la garde des canonniers en prenant d'ailleurs les mesures nécessaires pour assurer, au moment du besoin, le prompt service des réserves d'artillerie (1).

Ordre de service de la garde nationale aux barrières et grand'gardes (Extrait).

Paris, ce 7 mars 1814.

Art. 9. — Le général commandant l'artillerie de la garde nationale réunira toutes les bouches à feu aux douze grandes barrières et aux deux réserves, conformément au tableau ci-après :

Rive droite de la Seine.

			Pièces	
			de 4.	de 8.
1re	légion...	Barrière de Passy ou de Versailles.	2	»
2e	— ...	Barrière de Neuilly..............	2	2
3e	— ...	Barrière du Roule................	2	»
4e	— ...	Barrière de Clichy...............	2	2
5e	— ...	Barrière de Saint-Denis...........	2	2
6e	— ...	Barrière de la Villette............	2	2
7e	— ...	Barrière de Pantin................	2	2
8e	— ...	Barrière du Trône................	2	2
9e	— ...	Barrière de Charenton............	2	2
		A la rive droite....................	18	14
		Réserve à la barrière du Trône..................	12	2
		TOTAL de la rive droite......	30	16

(1) A. H. G., Corresp. générale, 4 mars 1814.

Rive gauche de la Seine.

		Pièces de 4.	Pièces de 8.
10e Légion ...	Barrière du Maine.............. ..	2	2
11e — ...	Barrière d'Enfer ou d'Orléans.....	2	2
12e — ...	Barrière de Fontainebleau...	2	2
Réserve de la rive gauche, barrière de Fontainebleau.		12	2
	TOTAL de la rive gauche....	18	8

Récapitulation.

	Pièces de 4.	Pièces de 8.
Sur la rive droite de la Seine....................	30	16
Sur la rive gauche............................	18	8
TOTAUX.............	48	24
TOTAL GÉNÉRAL......	72	

Art. 10. — Il y aura, à chacune de ces douze barrières, un poste d'artillerie, commandé par un sergent, et composé de six canonniers, dont un de planton aux barrières où sont les réserves; le chef du poste sera toujours un sergent.

Ces postes seront fournis :

1° Par le bataillon des canonniers invalides, sur la rive droite, aux barrières de Passy, de Neuilly, du Roule et de Clichy; sur la rive gauche, aux barrières du Maine et d'Enfer;

2° Par le bataillon de l'École polytechnique, sur la rive droite, aux barrières de Saint-Denis, la Villette, Pantin, du Trône et de Charenton; sur la rive gauche, à la barrière de Fontainebleau.

Art. 11. — Outre les douze postes des barrières, la garde commandée pour le lendemain formera toujours douze piquets, prêts à se porter aux barrières menacées ou aux réserves sur la demande que le chef du poste en fera par le canonnier de planton.

Les plantons seront désignés parmi les canonniers les plus propres à ce service.

Art. 12. — Chaque bataillon de canonniers aura deux officiers de ronde, chargés de visiter les postes de jour et de nuit. Il y aura en outre deux officiers de piquet désignés pour se porter de suite, avec les canonniers de piquet, aux barrières menacées (1).

(1) A. H. G., Corresp. générale, 7 mars 1814.

Le général de Lespinasse à S. Ex. M. le comte de Montalivet, Ministre de l'Intérieur.

Paris, le 26 mars 1814.

Monsieur le Comte,

Vous me faites l'honneur de me demander de vous faire connaître l'état où se trouve l'organisation de l'artillerie de la garde nationale de Paris dont Sa Majesté m'a confié le commandement.

Personnel. — Le décret de l'Empereur, du 24 janvier dernier, portait que l'artillerie de la garde nationale de Paris serait composée, pour le personnel, de douze compagnies de 120 hommes chacune, dont six seraient formées par les invalides canonniers les plus robustes, trois parmi les élèves de l'École polytechnique, et trois autres parmi les élèves des Écoles de droit, de médecine et de chirurgie.

Les six compagnies, qui devaient être composées de canonniers invalides, l'ont été. M. le maréchal comte Serurier, gouverneur de cet établissement, m'a remis les contrôles de ces six compagnies le 29 janvier dernier.

Parmi ces canonniers invalides, il s'en est trouvé un grand nombre d'infirmes et qui avaient des jambes de bois. Il y a eu, entre autres, 240 hommes ne pouvant être d'aucun service. J'ai demandé à M. le Maréchal leur remplacement par des hommes plus vigoureux; il ne lui a pas été possible.

Les trois compagnies à prendre parmi les élèves de l'École polytechnique ont été très aisées à former. Ces compagnies n'ont pu être que de 106 hommes chacune, parce qu'il n'y avait pas davantage d'élèves, mais chaque compagnie est suffisante pour son service. Quant aux trois compagnies qui devaient être composées d'élèves des Écoles de médecine, de chirurgie et de droit, en rendant compte au Ministre de la guerre de la revue que j'en avais passée, le 7 février, je lui ai exposé qu'un très grand nombre de ces jeunes gens m'avaient adressé des réclamations. Les uns étaient hors d'état, par leurs infirmités, de faire le service de l'artillerie ; les autres occupaient des grades dans les grenadiers de la garde nationale ; plusieurs étaient appelés par la conscription de 1815 ; beaucoup étaient partis pour leurs départements. Toutes ces circonstances réunies réduisaient considérablement le nombre de ceux qui auraient pu entrer dans la composition des compagnies. Je représentai en outre à Son Excellence qu'il serait très difficile de rassembler, pour l'instruction et pour le service, ces jeunes gens disséminés dans tous les quartiers de Paris. Je lui annonçai que les neuf compagnies déjà formées, tant aux Invalides qu'à l'École polytechnique, pouvaient suffire au service des 72 bouches à feu, et je lui proposai, par toutes ces considérations, de renoncer à la formation de ces trois compagnies. Cette formation est demeurée suspendue depuis cette époque.

Il est, en effet, certain que les 72 bouches à feu, données à la garde nationale, peuvent être facilement servies par les neuf compagnies de canonniers existantes, même malgré le vide des 240 invalides à remplacer dont il a été question ci-dessus, puisque ces neuf compagnies présentent un effectif de plus de 1,000 canonniers et qu'il n'en est besoin, pour le service des pièces, que d'environ 700. Il est vrai qu'il est arrivé plus d'une fois que les canonniers ont été astreints à un service journalier aux batteries, lequel employait, chaque jour, plus de la moitié de leur effectif. Comme nos canonniers sont ou des invalides ou de très jeunes gens qui n'auraient pu supporter longtemps un service aussi fatigant, j'avais proposé à M. le maréchal, duc de Conegliano, de former, dans chacune des douze légions, une compagnie de canonniers auxiliaires, choisis parmi les citoyens qui se seraient présentés volontairement pour ce service. Ces compagnies auraient continué de faire partie de leurs légions respectives, n'auraient été employées qu'aux postes fournis par leurs légions, et nous aurions eu beaucoup moins de canonniers des neuf compagnies à placer journellement aux batteries. En ce moment, le service journalier n'étant plus aussi pénible, la formation dont je viens de parler peut paraître moins urgente. Cependant, comme les mêmes circonstances peuvent se présenter encore, il me semblerait utile de s'occuper de ces compagnies auxiliaires, d'autant plus qu'une compagnie des invalides canonniers de la garde nationale est détachée à Bicêtre par ordre de l'Empereur, et qu'il n'en reste plus que huit pour le service de Paris.

Parmi les officiers qui avaient été désignés par le Ministre de la guerre pour être employés dans l'artillerie de la garde nationale, plusieurs ont fait connaître que leurs infirmités, ou les fonctions publiques qu'ils exerçaient, ne leur permettaient pas de faire un service militaire. Mais d'anciens officiers de la même arme sont venus d'eux-mêmes offrir leurs services que j'ai acceptés, en sorte que, dans ce moment, il s'en trouve, en sus des officiers de compagnie, un nombre suffisant pour les emplois du matériel et de l'état-major.

Savoir :

4 colonels ;
10 capitaines.

Il y a, en outre, au parc, deux gardes d'artillerie, dont l'un est commissionné par le Ministre de la Guerre, et l'autre est un sous-officier des Invalides.

Le décret établit deux tambours par compagnie. Je ne les ai point encore reçus.

Matériel. — Le matériel de l'artillerie de la garde nationale de Paris doit être composé de 48 pièces de 4, 24 pièces de 8 ; 48 caissons de 4, 48 caissons de 8.

Le nombre des pièces est complet.

Il manque encore 24 caissons de 8 et 13 caissons de 4, que le grand parc d'artillerie de l'armée n'a pu fournir jusqu'ici.

Train — Par le décret du 24 janvier, la ville de Paris doit fournir, pour l'attelage de l'artillerie de la garde nationale, 792 chevaux, y compris les 72 destinés à monter les sous-officiers de ce train.

Il en avait été fourni, au 22 février, 160 que j'ai remis, par ordre de l'Empereur, à la direction générale des parcs d'artillerie.

Depuis ce temps, il en a été fourni, et il en existe, en ce moment, 93 harnachés. Il en reste donc à fournir 699. Je ne puis dire l'époque à laquelle cette fourniture sera portée au nombre prescrit par le décret impérial, quoique j'en aie souvent demandé le complément.

Les hommes chargés de conduire ces chevaux ont été loués par la préfecture au prix de 3 francs par jour. Ce ne sont pas des soldats ni même des hommes engagés pour un temps fixe, ce qui rend cette partie du service extrêmement précaire. Son Excellence le Ministre de la Guerre a soumis à l'Empereur, sur la demande de M. le maréchal duc de Conegliano, le projet de formation d'une compagnie du train, qui serait composée de conscrits pris au dépôt général, et qui formerait l'attelage des deux réserves. Si ce projet reçoit l'approbation de Sa Majesté, nous aurons des soldats du train sur lesquels on pourra compter, et il en résultera de plus une économie pour la solde. Les 93 chevaux fournis pour le train sont en si mauvais état, qu'ils seraient incapables d'un service d'artillerie un peu actif. J'ai prié M. le maréchal duc de Conegliano d'ordonner qu'il en serait passé une revue contradictoire par deux artistes vétérinaires désignés, l'un par la préfecture, et l'autre par l'artillerie.

Tel est, Monseigneur, l'état où se trouve l'organisation de l'artillerie de la garde nationale de Paris. Je joins à ma lettre les situations : 1° du personnel ; 2° du matériel ; 3° du train, toutes trois au 26 mars 1814.

J'ai l'honneur d'être avec une très haute considération, Monseigneur, de Votre Excellence, le très humble et très obéissant serviteur.

Le comte DE LESPINASSE (1).

(1) Arch. nat., F_9, *Gardes nationales, Paris 1814.* — En marge de

GARDE NATIONALE SÉDENTAIRE DE PARIS.

Situation du personnel au 26 mars 1814.

État-major.

MM. Le sénateur, comte DE LESPINASSE, général de division, commandant en chef.

Officiers supérieurs.

Le baron GREINER, colonel, commandant en second, et chargé du commandement des batteries servies par les élèves de l'École polytechnique :
Le colonel DE VILLANTROYS, directeur du parc ;
Le colonel GABEAU, directeur en second du parc ;
Le colonel GROBERT.. / Le chef de bataillon SERVOIS. . . . . . . } Commandants des batteries servies par les invalides.

Capitaines.

HENNET-DUVIGNEUX, chef de l'état-major ;
CHOPPIN D'ARNOUVILLE, adjoint à l'état-major ;
DESMAZIS . . . . / DE VILLARD. . . . . / DENEAUSSE-LABATUT. . } Adjoints aux commandants des batteries servies par les invalides ;
ROBERT . . . . / VIOLET-LE-DUC . . . . . . } Adjoints aux commandants des batteries servies par l'École polytechnique ;
DE ROUILLAC. . . . . . . / DE FORGET, auditeur. } Adjoints au directeur du parc ;
DE FOURCY, adjudant-major.

---

cette lettre, on lit la note suivante, de la main du comte de Montalivet : « Très urgent. Écrire à M. le duc de Conegliano pour l'engager à examiner s'il n'y aurait pas lieu à former sur-le-champ des compagnies d'artillerie dans les légions et à me dire son avis sur le mode d'exécution. — Au préfet, pour les chevaux ».

Compagnies d'invalides canonniers.

NUMÉROS des compagnies.	OFFICIERS.		SOUS-OFFICIERS et canonniers.	TAMBOURS.
	CAPITAINES.	LIEUTENANTS.		
État-major..........	BOYER (1).....	»	»	»
1re compagnie.......	CHEVALIER....	BÉE..........	120	»
2e —	DUCLAUX.....	BARRET.......	118	»
3e —	GILBERT......	MONTAGNON...	120	»
4e —	LAVY.........	PETIT........	120	»
5e —	TALLARD......	DUCARDONNAY.	120	»
6e —	LIOUBERT.....	MALLET......	120	»
TOTAUX.....	7	6	718	»

(1) Adjudant de bataillon.

Compagnies de l'École polytechnique.

NUMÉROS des compagnies.	OFFICIERS.		SOUS-OFFICIERS et canonniers.	TAMBOURS.
	CAPITAINES.	LIEUTENANTS.		
État-major (1).......	MARIELLE.....	»	1	»
1re compagnie.......	RICHARD......	ROSTAN.......	112	2
2e —	REDON......	PRUDHOMME...	111	1
3e —	BOURDILLET...	CLÉMENT......	111	1
TOTAUX.....	4	3	335	4

(1) Le quartier-maître de l'École faisant fonction d'adjudant de bataillon et un sergent faisant fonction d'adjudant sous-officier.

NOTA. — D'après le décret du 24 janvier, ces compagnies doivent être de 120 hommes chacune, mais il ne se trouve d'élèves qu'au nombre porté à la colonne des sous-officiers et canonniers.

Certifié le présent état véritable :

Le Général commandant en chef l'artillerie de la garde nationale,
Le comte DE LESPINASSE.

Nota. — Je viens d'avoir à l'instant connaissance de la nomination de trois nouveaux officiers adjoints à M. de Villantroys, directeur du parc. Voici leurs noms, qui n'ont pu être mis sur l'état du personnel :

MM. BRAURE, RENARD, LE COMTE, capitaines.

GARDE NATIONALE SÉDENTAIRE DE PARIS.

État des bouches à feu et caissons existant aux barrières et aux réserves à l'époque du 26 mars 1814.

DÉSIGNATION des BARRIÈRES ET DES RÉSERVES.		CANONS		CAISSONS		OBSERVATIONS.
		de 8.	de 4.	de 8.	de 4.	
Barrières	Versailles........	»	2	»	1	Suivant le décret du 24 janvier nous devons avoir un approvisionnement complet, ce qui fait 48 caissons de 4 et 48 caissons de 8 pour 48 pièces de 4 et 24 pièces de 8.
	Neuilly..........	2	2	2	1	On voit donc, par cet état, qu'il nous manque 24 caissons de 8 et 13 de 4.
	du Roule	»	2	»	1	(1) L'un de ces caissons est un grand caisson étranger qu'on a donné pour tenir lieu de deux caissons ordinaires que l'on n'avait pas.
	Clichy	2	2	1	1	
	Saint-Denis......	2	2	2	1	
	Saint-Martin	2	2	2	1	
	Pantin	2	2	2	1	
	du Trône.........	2	2	2	1	
	Charenton	2	2	2	1	
	Fontainebleau....	2	2	1	1	
	d'Enfer..........	2	2	1	1	
	du Maine........	2	2	1	1	
Réserves	de la rive droite..	2	12	4	(1) 11	
	de la rive gauche.	2	12	4	12	
	TOTAUX.......	24	48	24	35	
	TOTAUX GÉNÉRAUX.	72		59		

Pour copie conforme à l'état fourni par le directeur du parc :

Le Général commandant en chef l'artillerie de la garde nationale.

Le comte DE LESPINASSE.

GARDE NATIONALE SÉDENTAIRE DE PARIS.

Situation du train au 26 mars 1814.

HOMMES.		CHEVAUX.	
Officier	1	Chevaux d'officier	1
Brigadier chef	1	— de brigadiers	10
Brigadiers	10	— de trait, harnachés	82
Trompette	1		
Conducteurs	82		
TOTAL, officiers compris	95	TOTAL	93

Certifié le présent état véritable :

Le Général commandant en chef l'artillerie de la garde nationale.

Le comte DE LESPINASSE.

Le baron Greiner à X... (1).

Paris, le 29 mars 1814.

Mon Général,

J'ai l'honneur de vous rendre compte que j'ai 19 pièces d'attelées sur les 28 qui forment la réserve. Ces 19 pièces sont à la barrière du Trône. Je ne sais quand on enverra les chevaux pour prendre les 9 pièces qui restent à la barrière de Fontainebleau. Vous vous rappelez sûrement qu'il a été question, hier au soir, chez vous, que ces trois batteries mobiles de la réserve seraient attelées avec des chevaux du train. Cette disposition n'a pas été exécutée : on n'a envoyé que des chevaux de la Préfecture et des Postes et Diligences, lesquels ne sont pas du tout propres à ce service et qui ne sont bons que pour le transport des munitions et pour le service du parc. Je viens d'écrire à ce sujet au général d'Aboville afin d'obtenir qu'il donne des ordres conformes à ce dont il était convenu. J'ai déjà demandé plusieurs fois, mon Général, des capotes pour les élèves. Je vous prie instamment d'en obtenir l'ordre du Ministre. C'est une chose indispensable si l'on veut conserver nos jeunes gens en santé.

---

(1) Peut-être le comte de Cessac, gouverneur de l'École polytechnique, ou le général Hulin, gouverneur de Paris, ou le général Evain.

J'ai l'honneur d'être avec un profond respect, mon Général, votre très humble serviteur (1).

Le baron GREINER.

Le Ministre de la Guerre au comte Daru, Ministre directeur de l'administration de la Guerre.

29 mars 1814.

M. le Comte, j'ai l'honneur d'informer Votre Excellence que les élèves de l'École impériale polytechnique, faisant le service de canonniers de la garde nationale de Paris, font un service permanent aux barrières depuis le 28 de ce mois, et sont ainsi au bivouac. M. le colonel Greiner, commandant ces élèves, demande avec instance des capotes pour ces jeunes gens, qui ont beaucoup de zèle et sont de la meilleure volonté, mais qui, sans cette mesure, ne résisteraient pas longtemps au froid et à l'humidité de la nuit.

Je prie Votre Excellence de prendre cette demande en considération, et d'ordonner en conséquence qu'il soit délivré des capotes aux canonniers élèves de l'École polytechnique pour tout le temps qu'ils sont en service permanent (2).

Le Ministre de la Guerre au général comte Hulin, commandant la place de Paris et la 1re division militaire.

Paris, le 29 mars 1814.

Général, j'ai l'honneur de vous prévenir que Sa Majesté le roi Joseph a confié le commandement supérieur de toute l'artillerie qui se trouve à Paris à M. le général d'Aboville qui commande celle de la Garde impériale.

M. le colonel Scheille commandera, sous les ordres de ce général, l'artillerie de la place, et M. le colonel Greiner celle de la garde nationale.

M. le général comte de Lespinasse se bornera aux fonctions d'inspecteur général de ce service.

---

(1) A. H. G., Corresp. de la Grande Armée, 29 mars 1814. — On lit en marge cette annotation : « Ecrire au Ministre de l'Intérieur pour demander des capotes. Les chevaux seront changés ».

(2) Pièce en minute (A. H. G., Corresp. de la Grande Armée, 29 mars 1814).

Je prescris de faire mettre demain en batterie 84 bouches à feu sur les hauteurs de Montmartre et de Belleville et à la tête des faubourgs, entre Montmartre et la Seine.

Indépendamment de ces bouches à feu et de celles qui resteront en position aux barrières, je fais organiser dans la journée 8 batteries mobiles et attelées pour se porter rapidement aux points attaqués. Savoir :

3 batteries de l'artillerie de la ligne qui seront en réserve au Champ de Mars ;

2 batteries de la Garde impériale à la barrière du faubourg Saint-Martin ;

3 batteries de la garde nationale, en réserve à la barrière du Trône.

J'ai désigné des officiers supérieurs de l'arme de l'artillerie pour commander les batteries fixes et les batteries mobiles.

M. le général d'Aboville est autorisé à donner tous les ordres nécessaires pour la répartition des compagnies d'artillerie entre les batteries fixes, mobiles et le parc, pour l'établissement de dépôts intermédiaires de munitions et pour tous les détails de ce genre.

Je ne laisse à Vincennes que 2 compagnies d'artillerie pour le service de l'artillerie de ce château, et il est important d'y mettre de suite quelques troupes d'infanterie.

Recevez, Général, l'assurance de ma parfaite considération.

Le Ministre de la Guerre,
duc DE FELTRE (1).

VI

Sur la mutinerie dont l'École de médecine fut le théâtre, le 7 février 1814.

Copie de la lettre écrite à Son Excellence le Ministre de la Guerre par M. le sénateur comte de Lespinasse (2).

Paris, le 7 février 1814.

Monseigneur,

J'ai l'honneur de vous informer que je viens de réunir à l'École de médecine les élèves de cette Faculté, ceux de chirurgie et ceux de la Faculté de droit, désignés pour composer trois des compagnies d'artillerie

(1) A. H. G., Corresp. de la Grande Armée, 29 mars 1814.
(2) A. H. G., Corresp. génér., 7 février 1814.

de la garde nationale de Paris. J'en ai fait faire l'appel en recueillant les réclamations de ceux qui en présentaient.

Je ne puis vous dissimuler, Monseigneur, que cet appel s'est fait au milieu d'un grand tumulte. Les réclamations sont nombreuses et fondées en partie sur ce que les réclamants servent déjà, ou avec un grade ou comme grenadiers dans la garde nationale. Un grand nombre des élèves appelés ne s'est pas présenté.

Je saisirai cette circonstance pour représenter à Votre Excellence que la formation de ces trois compagnies offre de grandes difficultés. D'abord, sur les six officiers désignés par Votre Excellence pour les commander, deux seulement se sont présentés jusqu'à ce jour : l'un, M. Vandelinden, est receveur des contributions du IIIe arrondissement, et représente qu'il ne peut, dans les circonstances actuelles, abandonner sa caisse. L'autre, M. Zender, assure qu'une grave infirmité le rend tout à fait incapable de servir. Je n'ai pas vu les quatre autres.

En second lieu, comment rassembler pour l'instruction ces jeunes gens qui sont logés dans les différents quartiers de Paris ? Enfin, comme je viens d'avoir l'honneur de le dire à Votre Excellence, beaucoup d'élèves des deux Facultés sont absents ; beaucoup allèguent des infirmités ou sont d'une complexion et d'un âge qui les rendent inhabiles au service de l'artillerie ; d'autres, en assez grand nombre, ont des grades dans la garde nationale, d'autres encore sont appelés par la conscription de 1815. Une grande partie des réclamations pour cause d'infirmités est appuyée de certificats de réforme des conscriptions de cette année ou des années antérieures. En sorte que les ressources qu'on espérait trouver dans ces écoles se trouvent réduites presque à rien. Je joins ici les réclamations afin que Votre Excellence puisse en juger par elle-même. J'ai fait ajouter, au bas de l'état nominatif, une récapitulation des absents, présents et réclamants.

J'ai, en conséquence, l'honneur de vous proposer, Monseigneur, de renoncer à la formation de ces trois compagnies, qui ne sont d'ailleurs pas nécessaires pour le service des 72 bouches à feu. Ce service peut être fait facilement par l'École polytechnique et les Invalides. Il suffira, pour cela, de donner deux pièces de plus à chacune des neuf compagnies formées dans ces établissements, et j'ai l'honneur de vous en faire la proposition, en vous priant d'observer encore que l'instruction de ces trois dernières compagnies n'est pas encore commencée, qu'elles seraient fort en retard sur cet objet et que, dans tous les cas, les deux Facultés, à cause du grand nombre d'absents et de réclamants, sont loin de pouvoir fournir le nombre d'hommes demandé.

J'ai l'honneur, etc...

Le Général commandant l'artillerie de la garde nationale de Paris,

Le sénateur comte DE LESPINASSE.

P. S. — Je m'abstiens d'entrer dans aucun détail sur la scène tumultueuse qui a eu lieu au rassemblement des élèves des trois écoles, scène à laquelle on pourrait donner une qualification plus grave si l'on ne considérait la jeunesse de ceux qui y ont pris part.

Récapitulation.

450 étudiants en droit, en médecine et chirurgie sont portés sur la liste.
126 étaient présents à l'appel. Parmi eux, il y en a 85 qui réclament.
59 n'ont pas été appelés à cause du tumulte. Il y en a 14 qui réclament.
259 étaient absents. Parmi eux, il y en a 46 qui réclament.

450 élèves, dont 145 réclamations.

N. B. — Beaucoup d'autres réclamations ont été faites verbalement. On n'a pu les recueillir. Parmi les présents, il n'y aurait alors que 41 élèves qui pourraient être employés au service de l'artillerie.

Le duc de Rovigo à l'Empereur.

7 février 1814.

...Aujourd'hui, M. le sénateur Lespinasse a été obligé de s'enfuir de l'amphithéâtre de l'École de médecine où l'on avait eu la maladresse de réunir les élèves de cette École ainsi que ceux de l'École de droit et de l'École polytechnique, parmi lesquels devait être fait l'appel de tous ceux désignés pour être canonniers de la garde nationale de Paris. Depuis plusieurs jours, la police avait prévenu des mauvaises dispositions des élèves des Écoles de médecine et de droit. Néanmoins, pour abréger le travail, on les a réunis à ceux de l'École polytechnique qui montraient de la bonne volonté. A peine l'opération a-t-elle été commencée que des cris séditieux se sont fait entendre parmi cette multitude de jeunes gens, dont les plus mutins ont tiré quelques pétards. Le désordre a été tel que M. de Lespinasse a dû quitter la place, et les huées l'ont accompagné jusque chez lui. Ce dangereux exemple sera d'un très mauvais effet. Les têtes étaient montées à tel point qu'une mesure de rigueur non seulement n'eut pas réussi, mais aurait encore empiré le mal. On avisera demain aux moyens de reprendre l'affaire partiellement et de saisir les plus mutins. J'appuie fortement pour que M. de Cessac fasse son opération dans l'École polytechnique, pendant qu'on agira séparément dans les deux autres écoles (1).

---

(1) Arch. nat., AFɪᴠ.1043.

Le Doyen de la Faculté de médecine de Paris au Ministre de la Guerre.

Paris, le 7 février 1814.

Monseigneur,

Une scène fâcheuse et punissable, si on en connaissait les auteurs, vient de se passer dans les écoles de la Faculté de médecine de Paris.

M. le général sénateur comte de Lespinasse, commandant en chef de l'artillerie de la garde nationale de Paris, m'avait annoncé, par une lettre en date du 5 février, qu'il passerait aujourd'hui, 7, aux écoles de médecine, la revue des élèves de la Faculté de droit et de la Faculté de médecine, désignés par S. Ex. le Grand-Maître de l'Université (1) pour composer trois compagnies d'artillerie.

J'avais écrit hier aux 150 élèves de la Faculté de médecine désignés, pour qu'ils eussent à se rendre ce matin, à 11 h. 30, à l'École.

Mais, l'amphithéâtre où ils étaient rassemblés étant public un jour de leçon, il s'y est introduit plus de 1,000 personnes. J'avais un petit nombre d'élèves en médecine, probablement un plus grand nombre d'élèves en droit, et un plus grand nombre encore d'étrangers à ces deux Facultés.

Il s'est fait un tumulte si considérable, il y a eu des huées si fortes, que le général de Lespinasse n'a pas pu achever l'appel de ceux qui étaient portés sur les listes de M. le Grand-Maître.

Le général, sorti de l'amphithéâtre, ne pouvait gagner sa voiture. Je l'y ai conduit. La foule s'est pressée à sa suite, foule causée par les étrangers, car je puis assurer à Votre Excellence que les élèves en médecine sont restés tranquillement dans la cour. Ils m'ont entouré et m'ont convaincu, ainsi que plusieurs de mes collègues professeurs qui se disposaient à faire un examen, qu'ils avaient tenu une conduite irréprochable.

Je viens d'apprendre que le général avait été insulté tout le long de la rue, et qu'on lui avait fait toutes sortes d'outrages.

Je vous supplie, Monseigneur, de ne point confondre ici les innocents avec les coupables. Toute la Faculté de médecine peut répondre du bon esprit qui règne parmi ses élèves et dont ils ont donné des preuves dans toutes les circonstances, notamment au premier appel que j'en avais fait le vendredi 4 février, et dont j'ai rendu compte à S. Ex. le Grand-Maître. J'implorerais le témoignage de S. Ex. le Ministre de

(1) Le comte de Fontanes.

l'Intérieur qui, dans des occasions très marquantes, leur a rendu la justice qu'ils méritent.

Je supplie Votre Excellence, avant de sévir contre les coupables, de vouloir bien m'entendre et de m'accorder une audience,

J'ai l'honneur, etc. (1).

Signé : LE ROUX.

Le Doyen de la Faculté de médecine de Paris à Son Excellence le Ministre de l'Intérieur.

Paris, le 8 février 1814.

Monseigneur,

Il s'est passé hier, aux écoles de la Faculté de médecine, une scène dont je dois rendre compte à Votre Excellence, en reprenant les choses de plus haut.

S. Ex. le Grand-Maître de l'Université avait désigné lui-même 150 élèves en médecine pour composer une des compagnies d'artillerie de la garde nationale de Paris. Une circulaire imprimée a été envoyée sur-le-champ à ces élèves. Ils se sont rendus, pour la plupart, à la Faculté le vendredi 4 février ; ils s'y sont conduits avec décence et tranquillité ; ils y ont répondu à l'appel que j'en ai fait ; un assez grand nombre m'a remis des réclamations dont j'ai fait tenir la note à M. le Grand-Maître, et que l'on peut classer ainsi qu'il suit :

Candidats que l'on avait confondus avec les élèves ;

Élèves faisant actuellement partie de la garde nationale de Paris ;

Élèves des hôpitaux militaires ou civils de Paris ;

Élèves commissionnés pour le service de santé militaire ;

Élèves conscrits rappelés dans leurs départements ou devant faire partie des gardes nationales mobiles ;

Élèves ayant des infirmités très graves et qui avaient déjà fait prononcer leur réforme.

Le même jour, 4 février, j'ai reçu une lettre de M. le Grand-Maître, qui m'annonçait que M. le général, comte de Lespinasse, se proposait de passer en revue les élèves de la Faculté de droit, et ceux de la Faculté de médecine, dans le local même de la Faculté de médecine.

Cette mesure me paraissant impolitique, je me suis rendu, le 5, chez le général de Lespinasse. J'ai tâché de lui persuader de changer ses dispositions, d'isoler les élèves désignés, de les appeler soit chez lui,

---

(1) A. H. G., Corresp. génér., 7 février 1814.

soit ailleurs que dans un grand établissement, et surtout de ne point réunir ainsi les élèves de droit et ceux de médecine ; que je répondrais bien de ceux de la Faculté de médecine, mais que je ne pouvais répondre des autres et surtout des étrangers aux deux Facultés qui s'introduiraient parmi ceux qui étaient appelés ; que l'on devait redouter et éviter tout rassemblement, surtout de personnes mécontentes ; que, dans les circonstances actuelles, il ne faudrait, peut-être, qu'une étincelle pour causer un incendie. Le résultat de la conférence fut que le général passerait la revue le 7.

Voyant l'inutilité de mes représentations et tout en craignant des suites fâcheuses, je me disposai à obéir. Une seconde circulaire fut envoyée aux 150 élèves en médecine désignés et ils furent convoqués pour le lundi, 7 février, à 11 h. 30 du matin.

Ce que j'avais prévu est arrivé. La Faculté, qui n'a en ce moment que 539 élèves inscrits sur ses registres, dont 150 seulement étaient convoqués, a vu son amphithéâtre très rempli par plus de 1,000 personnes. Il y avait beaucoup d'élèves de l'École polytechnique qui n'étaient point mandés, d'autres militaires en habit d'uniforme, des écoliers des lycées et un grand nombre de gens trop âgés pour être étudiants.

Le tumulte a été très considérable. Votre Excellence apprendra, par la lettre que j'ai adressée, sur-le-champ, à S. Ex. le Ministre de la guerre, et dont je lui envoie une copie (1), l'issue de cette séance.

Avant qu'il entrât à l'amphithéâtre, j'avais remis à M. de Lespinasse la liste, par ordre alphabétique, des 150 élèves en médecine désignés avec leurs adresses. Je lui avais proposé de l'accompagner : il n'a pas cru que cela fût nécessaire.

Voilà, Monseigneur, l'historique vrai de ce qui est arrivé hier, et cependant la scène s'est passée dans les écoles de la Faculté de médecine, ce qui peut induire en erreur et faire présumer que ses élèves y ont contribué, tandis qu'il est de fait qu'ils sont tous dans un bon esprit, qu'ils ont fait tout pour apaiser le tumulte, qu'ils n'y ont pris aucune part, qu'ils sont restés tranquillement dans la cour, autour de plusieurs professeurs et du doyen, tandis que la foule, sortie de la cour, poursuivait le général et que la populace s'y était jointe pour l'insulter, que même, pendant que la scène avait lieu, un certain nombre d'élèves assistaient à un examen qui se faisait et qu'un autre nombre étaient dans la bibliothèque à étudier.

---

(1) En marge de cette lettre, Montalivet a écrit, de sa main : « La copie n'était pas jointe. Je la recevrai avec plaisir ». C'est la pièce publiée à la page 59.

Je supplie Votre Excellence de vouloir bien se rappeler que, dans toutes les occasions, les jeunes docteurs et les élèves se sont empressés d'aller au-devant du besoin que l'on avait d'eux, et que, quand Votre Excellence en demande dix, il s'en présente trente, que tous se lèveraient et partiraient à la première réquisition, quelque danger qu'ils eussent à courir dans l'exercice de leur art. Ce qui vient de se passer dernièrement en est une preuve évidente, qui sera confirmée par le rapport de M. Fouquier.

Votre Excellence ne penserait-elle pas que, si l'on arrête les élèves dans leurs études, il serait possible que l'on en fît souffrir le service de santé militaire, pour lequel il y en a constamment un si grand nombre d'exposés à tous les dangers de la guerre, de sorte que, proportion gardée, il en périt un plus grand nombre que de soldats ; ne penserait-elle pas que ces élèves vont être extrêmement utiles, et que le service des hôpitaux militaires et celui des hospices civils dans lesquels, en ce moment, on est obligé de recevoir plus de soldats que de malades de ville, deviendra impossible à faire ?

Permettez, Monseigneur, que j'aie l'honneur de vous entretenir des détails de cette scène désagréable et que je n'ai pu empêcher.

J'ai l'honneur, Monseigneur, de saluer Votre Excellence avec respect.

P.-S. — Monseigneur, la Faculté, que j'avais convoquée pour aujourd'hui 3 heures, a approuvé la lettre que j'ai l'honneur d'adresser à Votre Excellence (1).

L'archi-chancelier Cambacérès au comte de Cessac.

Paris, le 9 février 1814.

Je reçois, Monsieur le Comte, avec la lettre de Votre Excellence, la copie du rapport qui lui a été fait par le colonel Greiner, commandant le bataillon de l'École polytechnique (2).

---

(1) Arch. nat., F_9, *Gardes nationales, Paris, 1814.* — Il existe encore, dans le même dossier, une longue lettre du doyen de la Faculté de médecine au comte de Fontanes, Grand-Maître de l'Université, en date du 9 février 1814, où il se justifie de l'accusation portée contre lui d'avoir « cherché à disculper les élèves en médecine au détriment des élèves en droit ».

(2) Nous n'avons pas retrouvé ce rapport ni la lettre d'envoi.

Ainsi que vous le désirez, Monsieur le Comte, je ferai remarquer à Sa Majesté le roi Joseph que les élèves de l'École polytechnique n'ont eu aucune part à ce qui s'est passé en dernier lieu aux écoles de médecine. Je présume que Sa Majesté aura reçu, de votre part, une copie du rapport (1).

N'ayant rendu aucun compte à Sa Majesté l'Empereur de la résistance qu'ont opposée quelques jeunes gens des écoles spéciales aux ordres de M. le général comte de Lespinasse, je n'aurai point l'occasion de présenter à Sa Majesté des observations relatives aux élèves de l'École polytechnique. Les rapports à Sa Majesté sur cette affaire lui ont été transmis par le roi Joseph.

Je vous renouvelle, Monsieur le Comte, l'expression de mes sentiments et les assurances de ma haute considération (2).

Le duc de Rovigo au comte de Cessac.

Paris, le 10 février 1814.

Monsieur le Comte, j'ai reçu la lettre que vous m'avez fait l'honneur de m'écrire hier (3), et j'ai celui d'y répondre.

Les élèves de l'École polytechnique n'avaient point été convoqués à la réunion qui a eu lieu à l'École de médecine des élèves de cette École et de ceux de l'École de droit, mais il est certain qu'ils y étaient en très grand nombre, et c'est un point sur lequel s'accordent tous les rapports qui ont été faits à la police sur cette assemblée. Il était d'ailleurs facile de les reconnaître à leur habit. Votre Excellence peut appeler près d'Elle M. le Doyen de la Faculté de médecine et le concierge de l'École. Ils lui donneront toute certitude à cet égard.

Agréez, je vous prie, Monsieur le Comte, les assurances de ma plus haute considération (4).

---

(1) Il ne s'en trouve aucune trace dans la correspondance du roi Joseph publiée par Du Casse au tome X des *Mémoires et correspondance politique et militaire du roi Joseph.*

(2) A. É. P., *art. III, paragraphe 2.*

(3) Cette lettre n'a pas été retrouvée.

(4) A. É. P., *art. III, paragraphe 2.*

VII

L'infirmerie de l'École polytechnique ouverte aux blessés de la campagne de France.

Séance du 14 *février* 1814.

Le Conseil d'administration de l'École impériale polytechnique, vu la pétition à lui présentée par plusieurs élèves.

Considérant que, s'il ne lui est pas permis de disposer définitivement d'une partie de son mobilier pour aider l'administration de la ville de Paris à coucher et à faire traiter les défenseurs de l'État et du Trône qui ont été blessés à l'armée, il peut, avec l'approbation du Ministre de l'Intérieur, destiner une partie des légères économies qu'il a faites, et consacrer momentanément les lits non occupés de son infirmerie au soulagement des défenseurs de la patrie, arrête ce qui suit :

S. E. le Ministre d'État, gouverneur de l'École, est prié à se retirer par devers Son Excellence le Ministre de l'Intérieur, pour le prier d'accorder son approbation à la résolution suivante :

Article premier.

Les anciens élèves de l'École impériale polytechnique, blessés à l'armée, qui seront évacués sur Paris, seront invités à se rendre à l'infirmerie de l'École pour y être traités comme dans leur maison paternelle.

Art. 2.

Huit lits de l'infirmerie de l'École seront en outre offerts à la ville de Paris pour y placer huit sous-officiers et soldats d'artillerie ou du génie blessés à l'armée.

Art. 3.

Ces sous-officiers et soldats seront nourris, soignés et traités jusqu'à guérison, de la même manière que les élèves et aux frais de l'École.

Art. 4.

Leurs armes, leurs vêtements et leur linge seront réparés, pendant leur séjour à l'École, par les ateliers de l'établissement. A leur sortie, il leur sera donné des moyens pour rejoindre l'armée d'une manière plus douce.

Art. 5.

Afin que ces huit lits soient toujours remplis, il sera donné avis à l'ordonnateur de la ville de Paris de ceux qui devront devenir vacants dans les vingt-quatre heures.

ART. 6.

A défaut de sous-officiers ou soldats d'artillerie ou du génie, les sous-officiers ou soldats blessés des autres armes seront indifféremment admis jusqu'à concurrence des lits vacants (1).

Séance du 19 *février* 1814.

Son Excellence fait lecture de la lettre du Ministre de l'intérieur :

Monsieur le Comte, j'ai reçu, avec la lettre que Votre Excellence m'a fait l'honneur de m'écrire le 14 de ce mois, une délibération du Conseil de l'École polytechnique contenant la proposition de faire traiter à l'infirmerie de l'École les anciens soldats blessés à l'armée qui seront évacués sur Paris, et de tenir en outre, à la disposition de la ville, huit lits de l'infirmerie de l'École pour y placer huit sous-officiers ou soldats d'artillerie ou du génie, également blessés à l'armée. Je ne puis qu'applaudir à une pareille proposition. Je me suis empressé de l'approuver, et j'autorise en conséquence, conformément à la proposition de Votre Excellence, que les économies qui auraient pu être faites sur les divers articles du budget de l'École soient affectées au payement de la dépense pour la nourriture, soins et traitement de ces militaires.

J'ai donné connaissance de cette décision à M. le Ministre directeur de l'administration de la Guerre, en l'invitant à prescrire à M. le commissaire ordonnateur de Paris de concourir à son exécution.

Je serai bien aise d'apprendre quels auront été les résultats de cette mesure.

Paris, le 15 février 1814 (1).

Séance du 22 *mars* 1814.

M. l'Administrateur (2) rend compte qu'il y a toujours à l'infirmerie huit militaires blessés, lesquels continuent à recevoir la nourriture et le traitement aux frais de l'École. Il expose que quelques-uns d'entre eux manquent de souliers et de bas. Il demande s'il ne conviendrait pas de leur en procurer aux frais de l'École.

Le Conseil voulant, autant que les facultés de l'École le permettent,

---

(1) A. É. P., *Registre des séances du Conseil d'administration.*
(2) M. Cicéron.

venir au secours de ces militaires, a autorisé M. l'Administrateur à disposer en leur faveur de deux paires de souliers de modèle qui existent aux archives de l'École, de trois guêtres d'ancien modèle qui sont au magasin d'habillement. Si ces objets ne suffisent pas pour parer aux besoins pressants, M. l'Administrateur achètera, par économie, le nombre de souliers et de bas de laine nécessaires (1).

VIII

Documents relatifs à la bataille du 30 mars 1814.

Le colonel Greiner à M. le Commissaire provisoire de la guerre (lieutenant général Dupont).

5 avril 1814.

Monsieur,

Je vais avoir l'honneur de mettre sous les yeux de Votre Excellence le compte de ce qui s'est passé à l'École polytechnique pendant les derniers événements.

Les élèves de l'École polytechnique, par un décret impérial, avaient été destinés à former trois compagnies d'artillerie de la garde nationale. Le commandement supérieur m'en avait été confié par le Ministre de la Guerre sous les ordres de M. le comte de Lespinasse, commandant en chef toute l'artillerie. Le 15 mars, je fus nommé commandant en second de l'artillerie de la garde nationale, et, le 28 du même mois, je reçus l'avis que j'étais nommé commandant de toute l'artillerie de cette garde, sous les ordres du général d'Aboville, commandant en chef l'artillerie de la défense de Paris. D'après ses ordres, j'avais envoyé 240 élèves, accompagnés de 30 pointeurs de l'artillerie de la Garde, à la barrière du Trône où ils devaient servir les 28 bouches à feu de la réserve.

M. le major d'artillerie Évain eut le commandement de cette artillerie et se tint à la barrière du Trône. Je fus obligé de ma personne de rester à l'École polytechnique d'où je communiquais avec M. Evain et M. le colonel d'artillerie Grobert, commandant les canonniers invalides.

Une violente attaque de goutte, qui me retient encore au lit, me priva de me porter sur aucun point de la défense. M. le comte de Cessac, gouverneur de l'École, vint me voir dans la matinée du 30. Il resta une heure environ avec moi et se retira sans me donner aucun ordre.

---

(1) A. É. P., *Registre des séances du Conseil d'administration.*

A midi, je fus instruit que toutes les pièces de notre réserve, ayant été portées en avant sur la route de Vincennes sans être soutenues d'aucune troupe d'infanterie ou de cavalerie, avaient été attaquées à l'improviste par plusieurs escadrons ennemis et qu'après une défense honorable, où plusieurs élèves ont été blessés sur leurs pièces, ils avaient été obligés de se retirer, laissant plusieurs d'entre eux entre les mains de l'ennemi. A 4 heures du soir, M. le comte de Cessac m'adressa la lettre dont je joins ici copie (1). Je ne voulus pas prendre sur moi de décider une question aussi importante que celle du départ des élèves. J'écrivis, en conséquence, à M. le maréchal Moncey et à M. le général d'Aboville. Je leur communiquai la lettre de M. le comte de Cessac et je leur demandai ce que j'avais à faire. M. le maréchal Moncey ne me répondit pas, mais, à 11 h. 30 du soir, je reçus de M. le général d'Aboville l'ordre de faire partir les élèves et de leur faire suivre le mouvement de l'artillerie en les dirigeant sur Fontainebleau par Villejuif. Cet ordre ajoutait que les élèves prendraient des fusils et des munitions à l'arsenal. Je fus obligé de faire exécuter cet ordre. Les élèves partirent vers 3 heures du matin, sous la conduite de leurs officiers. M. Marielle, quartier-maître de l'École, et moi, retenus par des infirmités, nous restâmes dans Paris, attendant la suite des événements.

J'avais bien prévu que la plus grande partie des élèves, exténués de fatigue, ne pourraient que difficilement suivre le mouvement de l'armée (2). J'ai appris effectivement que plus des deux tiers d'entre eux étaient restés à Paris chez des parents ou chez des amis. J'ai lieu d'espérer que les autres ne tarderont pas à y rentrer, ainsi que leurs officiers.

Dans cet état de choses, je crois devoir proposer à Votre Excellence de donner l'ordre que tous les élèves, qui sont dans Paris, rentrent de suite au pavillon de l'École pour y reprendre le cours de leurs études (3).

J'ai l'honneur, etc.....

Baron Greiner (4).

---

(1) Cette copie n'est plus jointe au rapport.

(2) 76 furent à Fontainebleau (annotation ajoutée au crayon).

(3) Le 18 avril 1814, l'enseignement avait repris à l'École, mais les démissions avaient considérablement affaibli le nombre des élèves. Au 1er novembre 1813, on comptait 346 élèves ; au mois d'août 1814, il n'y en avait plus que 258 pour les deux divisions (Commandant Pinet, *Histoire de l'École polytechnique*, p. 84).

(4) Cette pièce n'existe qu'en copie aux Archives de l'École polytechnique, *article III, paragraphe 2*.

[*Le comte Dejean* (1), *gouverneur de l'École polytechnique, au comte Dessolle, commandant en chef la garde nationale de Paris*] (2).

11 août 1814.

Monsieur le comte, instruit que M. le comte de Lespinasse, commandant supérieur de l'artillerie de la garde nationale parisienne, se proposait de vous soumettre une décoration de la Légion d'honneur en faveur de MM. les officiers et vétérans de l'artillerie, ainsi que des officiers et élèves de l'École polytechnique qui avaient concouru à la défense de Paris, j'ai cru devoir prendre connaissance des propositions faites à M. le comte de Lespinasse par M. le colonel baron Greiner, commandant supérieur du bataillon des élèves de l'École polytechnique. Le choix de cet officier supérieur porte :

1° Sur M. Marielle, qui a rempli les fonctions d'adjudant-major du bataillon. Cet officier, quartier-maître du Conseil d'administration, compte vingt et une années de service et quatre campagnes. Cette distinction a été réclamée plusieurs fois en sa faveur. Il la mérite, et elle sera utile au service de l'École en ajoutant à la considération dont M. Marielle a toujours joui (3) ;

---

(1) Après l'abdication de l'Empereur, le général de division comte Dejean (Jean-François-Aimé) avait remplacé le comte de Cessac à la tête de l'École polytechnique. Sa nomination de gouverneur date du 24 avril 1814.

(2) En marge de cette pièce, qui n'est elle-même qu'une copie et n'a point de titre, se trouve l'annotation suivante : Proposition faite à M. le comte Dessolle en faveur des officiers et élèves qui ont concouru à la défense de Paris dans la journée du 30 mars 1814. Une autre main a ajouté ces mots : Proposition adressée par M. le colonel Greiner à M. le comte Dessolle. La lettre paraît vraisemblablement émaner du comte Dejean et non du baron Greiner.

(3) Marielle (Charles-Philippe Bacouillard). Ancien quartier-maître à la légion des Montagnes à l'armée des Pyrénées-Orientales en 1793, puis au 10e dragons où il s'était acquis l'estime de son colonel Cavaignac, il avait été nommé quartier-maître trésorier à l'École polytechnique en octobre 1804.

Le 7 septembre 1816, à la réorganisation de l'École, il fut compris, au titre civil, comme trésorier secrétaire des conseils intérieurs, emploi qu'il ne cessa d'exercer jusqu'en 1848. Dans une lettre au Ministre de la Guerre, du 1er août 1817, le baron Bouchu, gouverneur de l'École,

2° Sur trois élèves de l'École, M. Petit (J.-J.), sergent-major (1), de Cullion, sergent (2), et Malpassuti, élève (3). Le sieur Petit est le premier de la 1re division et l'un des meilleurs sujets de l'École sous tous les rapports. Le sieur de Cullion est le 17e de la 1re division. C'est un fort bon sujet, et il a été grièvement blessé le 30 mars. Le sieur Malpassuti, étant Piémontais, ne peut plus être considéré comme Français. Votre Excellence jugera si, vu sa position actuelle, il convient de le mettre sur les rangs. Sous le rapport des connaissances, c'est un sujet ordinaire. Il est le 178e de la 2e division dans laquelle on comptait, au mois de novembre dernier, 227 élèves.

Je pense, monsieur le Comte, que la décoration de la Légion d'honneur, accordée à ces élèves, produirait un très bon effet (4). C'est sur-

---

faisait « l'éloge bien mérité de son excellente opinion, de son zèle soutenu, de son intégrité et de ses talents dans les fonctions qu'il remplit » (Arch. adm. de la Guerre). C'est à ce digne officier que l'on doit le précieux *Répertoire de l'École polytechnique* qui permet de suivre dans leur carrière tous les élèves de cette École de 1794 à 1853 inclusivement : « J'ai, dit-il dans la préface de son ouvrage, passé quarante-quatre années de ma carrière à l'École polytechnique..... Cette institution a été pour moi une seconde famille..... J'ai aimé et j'aime d'autant plus l'École polytechnique que, constamment, j'y ai été traité avec bienveillance ».

(1) Mentionné plus haut, p. 34.

(2) De Cullion (Alexis-Louis-Philippe Lallemand de Quincy, dit Lallemand de Cullion) né à Paris, fils du sénéchal de Saint-Domingue, était entré à l'École à 20 ans, en 1811, avec le n° 67. Il comptait une interruption dans ses études, en 1812, pour raison de santé. Sorti dans le génie, il fut plus tard réformé comme capitaine. Il avait été grièvement blessé aux mains par une explosion de gargousses le 30 mars 1814 (Arch. adm. de la Guerre).

(3) Malpassuti (Charles-Blaise-Victor-Raymond-Gérard-Louis). Fils du maire de Carbonara (arrondissement de Tortone, département de Gênes), il était entré à l'École en 1813, à 22 ans, avec le n° 178, déjà pourvu du grade de fourrier au 2e bataillon du 6e Croates. Nous avons mentionné plus haut sa vaillante conduite au combat du 30 mars 1814. En 1815, il prit du service dans les rangs de l'armée sarde où il parvint au grade de colonel (Arch. adm. de la Guerre, et Marielle, *Répertoire de l'École polytechnique*).

(4) Une note au crayon, en marge de ce rapport, indique que le capitaine Marielle fut décoré le 27 septembre et les trois élèves, le 12 décembre 1814. Nous avons dit plus haut, p. 27, que les ordonnances de

tout pour ce motif que je sollicite en leur faveur les bontés et l'appui de Votre Excellence (1).

Je vous prie, etc.....

Le Ministre de l'Intérieur au comte Dejean, gouverneur de l'École polytechnique.

Paris, le 25 mars 1815.

Monsieur le Comte, en répondant à la lettre que vous m'avez fait l'honneur de m'écrire le 22 de ce mois, j'éprouve un vrai plaisir de vous annoncer que l'Empereur, satisfait de vos services comme gouverneur de l'École polytechnique, vous a maintenu dans cette place.

Les élèves de cette École ont donné une preuve éclatante de patriotisme à l'époque de l'attaque de Paris par les puissances coalisées : les ennemis eux-mêmes ont admiré le courage et la belle conduite de ces jeunes gens. Je me propose de solliciter en leur faveur les bontés de l'Empereur.

Je vous prie de m'adresser l'état nominatif des élèves qui étaient alors à l'École et d'y joindre un rapport dans lequel vous indiquerez avec détail les faits les plus remarquables des opérations militaires auxquelles ils ont pris part et le nom de ceux qui s'y sont distingués d'une manière particulière.

Recevez, Monsieur le Comte, les assurances de ma haute considération.

Le Ministre de l'Intérieur, comte de Empire,
CARNOT (2).

Le comte Dejean à Carnot.

École impériale polytechnique, Paris, le 30 mars 1815.

J'ai l'honneur d'adresser à Votre Excellence, suivant son désir, le rapport sur la conduite des élèves de l'École polytechnique pendant les

---

nomination au grade de chevalier de la Légion d'honneur étaient du 28 septembre pour le capitaine Marielle, et du 19 septembre pour les trois élèves.

(1) A. É. P., *article III, paragraphe 2.*

(2) Cette lettre existe en original dans les Archives de l'École polytechnique, *art. III, paragraphe 2,* et, en minute, aux Archives nationales, F[21].659.

mois de février et mars 1814 et le jour de l'attaque de Paris. J'y ai joint l'état nominatif de tous les officiers et élèves qui faisaient partie de l'École à cette époque.

Sa Majesté, à la revue qu'Elle a passée de l'École le 27 du courant, a accordé la décoration à MM. Bonneton (1) et Houeau (2), et Elle a annoncé l'intention de maintenir les trois décorations accordées précédemment à MM. Petit (Jean-Jacques), de Cullion et Malpassuti. M. le général Drouot a pris les noms de ces élèves.

J'ai l'honneur de renouveler à Votre Excellence les assurances de ma plus haute considération (3).

ÉCOLE IMPÉRIALE POLYTECHNIQUE.

Rapport sur le service fait par les élèves de l'École polytechnique dans l'artillerie de la garde nationale de Paris pendant les mois de février et mars 1814, *et notamment le jour de l'attaque de la capitale, le* 30 *mars* (4).

Dès l'invasion du territoire français par les troupes étrangères, les élèves s'étaient spontanément prononcés en faisant une adresse à l'Em-

---

(1) Bonneton (Achille). Fils d'un propriétaire de Chantelle (Allier), il était entré, à 18 ans, à l'École polytechnique en 1813, avec le numéro 22. Il fut retraité en 1843, comme capitaine d'artillerie (Arch. admin. de la Guerre).

(2) Houeau (René). Fils du maire de Château-du-Loir (Sarthe), il était entré, à 20 ans, à l'École, en 1813, avec le numéro 201. Il fut aussi retraité en 1845 comme capitaine d'artillerie (Arch. admin. de la Guerre).

Bonneton et Houeau avaient tous deux été blessés par une explosion de gargousses, au combat du 30 mars 1814.

On lit, au *Registre du Conseil d'administration* de l'École polytechnique, à la date du 16 avril 1814 : « Il est fait lecture d'une réclamation de M. Bonneton, élève, qui demande que l'administration lui remplace un shako, un habit, une veste, une culotte et une paire de guêtres, qui ont été entièrement brûlés sur son corps par l'explosion de la poudre d'un coffret de caisson, le 30 mars dernier. Le Conseil approuve ce remplacement... » (A. É. P.).

(3) Lettre originale (Arch. nat., F[21].659).

(4) Ce rapport n'est plus joint à la lettre originale du comte Dejean,

pereur dans laquelle ils demandaient à partir en corps sous la conduite de leurs officiers pour aller combattre l'ennemi. Sa Majesté accueillit avec bienveillance l'élan patriotique de cette jeunesse et leur fit répondre qu'Elle saurait employer leurs services lorsque le moment serait venu.

Le 21 janvier 1814, fut rendu le décret qui appelait les élèves à concourir à la défense de Paris comme canonniers de la garde nationale. Le 29, ils furent organisés en trois compagnies sous le commandement supérieur de M. le colonel d'artillerie Greiner, déjà commandant du bataillon, et tel fut l'enthousiasme de cette jeunesse que quelques-uns, que la faiblesse de leur santé ou de leur constitution avait fait regarder comme peu propres à faire le service des canonniers, voulurent absolument être compris dans l'organisation et partager (comme ils le firent effectivement) les fatigues et les dangers de leurs camarades.

M. le lieutenant général Lespinasse, qui vint passer la revue de cette jeune troupe, parut on ne peut plus satisfait de leur tenue militaire et du bon esprit qui les animait. Il en rendit le meilleur compte.

Deux batteries de six pièces furent envoyées à l'École polytechnique. Elles furent reçues au cri de : « Vive l'Empereur ». En quelques jours, les élèves sous-officiers, guidés par M. le colonel Greiner et quatre sous-officiers instructeurs, furent assez formés non seulement pour manœuvrer eux-mêmes, mais encore pour enseigner la manœuvre à leurs camarades auxquels, après quinze jours d'exercices, il ne manquait plus que de faire l'école du tir.

En même temps que les élèves étaient exercés, ils montaient la garde aux barrières sous le commandement de leurs officiers, et ce service, pour lequel ils ne fournissaient d'abord que 75 hommes par jour, devint, dans certains moments, tellement multiplié qu'une partie d'entre eux était obligée de doubler et de tripler la garde.

Le service d'artillerie des barrières roulait sur les canonniers invalides et sur les élèves. Les premiers étaient chargés des barrières de l'Ouest. Les élèves avaient celles de l'Est, du côté desquelles l'ennemi était supposé devoir arriver, c'est-à-dire depuis la barrière d'Enfer jusqu'à celle de la Villette inclusivement.

Dans les derniers temps, le service des barrières fut restreint, mais les élèves furent chargés des réserves placées aux barrières de Fontainebleau et du Trône.

Plusieurs fois, M. le colonel Greiner avait insisté pour obtenir de faire faire l'école du tir par les élèves, mais la crainte d'alarmer les

---

en date du 30 mars 1815, qui en annonce l'envoi à Carnot. Il en reste une copie aux archives de l'École polytechnique, *art. III, paragraphe 2.*

habitants de la capitale avait fait ajourner cette manœuvre sans laquelle, cependant, on ne pouvait se promettre que peu de succès de la bonne volonté des élèves.

M. le colonel s'était toutefois occupé d'organiser le train fourni par la ville, destiné à servir les pièces de réserve, et il l'avait fait manœuvrer lui-même à Vincennes.

Le lundi 28 mars avait été fixé enfin pour faire la manœuvre du tir à Vincennes, mais l'approche de l'ennemi fit contremander l'ordre donné.

Le 29, M. le colonel Greiner fut chargé du commandement en chef de l'artillerie de la garde nationale, sous les ordres de M. le général d'Aboville, commandant toute l'artillerie de la défense de Paris ; le même jour, l'ordre fut donné de faire porter les 28 pièces de réserve à la barrière du Trône avec le nombre d'élèves nécessaires pour les servir. Cette disposition fut exécutée : il ne resta à l'École que le nombre d'hommes nécessaires pour garder l'établissement et 6 pièces qui servaient à la manœuvre.

M. le colonel Greiner demanda à M. le général d'Aboville et obtint 30 canonniers de la Vieille Garde pour en attacher un, comme pointeur chef, à chaque pièce de la réserve. Quant aux batteries des barrières les moins menacées, des ordres furent donnés pour les faire servir par les canonniers invalides.

Le colonel, après avoir fait la visite de tous les postes, établit son quartier à l'École, d'où il correspondait avec M. le général d'Aboville et les commandants des batteries sous ses ordres.

Le 30, au matin, la canonnade fut engagée sur les positions extérieures qui défendaient les abords de la capitale. Vers midi, M. le général d'Aboville envoya l'ordre direct à M. le major Évain, qui commandait la réserve, de se porter sur la route de Vincennes à l'effet d'inquiéter le flanc de l'ennemi qui se dirigeait sur la Butte Chaumont. Le mouvement fut exécuté par toute la réserve : 28 pièces, servies par les élèves sous le commandement de leurs officiers, s'avancèrent sur la route jusqu'au chemin de Saint-Mandé.

Plusieurs batteries furent mises en action et forcèrent l'ennemi à s'éloigner. Son artillerie de campagne répondit cependant à la nôtre, et ses boulets et obus arrivèrent au milieu de nos batteries. Pendant cet engagement, quelques gargousses éparses prirent feu et blessèrent un certain nombre d'élèves.

Aucun ordre n'avait été donné pour faire soutenir, par de l'infanterie ou de la cavalerie, le mouvement de l'artillerie. Quatre gendarmes à cheval seulement avaient été détachés en éclaireurs. M. le capitaine commandant la première batterie les vit revenir soudain en longeant le petit mur de pisé qui se trouve le long du chemin qui joint l'avenue de Vincennes et celle de Charonne. Ils étaient suivis de quelques escadrons de cavalerie ennemie qui avaient filé de ce côté, d'où ils ne pouvaient être aperçus. Cette cavalerie fut accueillie par une décharge à boulets et presque à bout portant de la première batterie, mais à peine avait-on rechargé à mitraille que les cavaliers étaient sur les pièces. Les canonniers, pris en flanc et n'ayant pas de fusils, ne purent opposer de résistance. Deux tambours furent tués, un officier et plusieurs élèves furent blessés de coups de lance et de sabre (leurs noms sont à la suite du rapport). Le désordre qui se mit au même moment parmi les charretiers du train (gens ramassés de toutes parts et sans discipline) ne permit pas d'opérer avec l'ordre convenable le mouvement de retraite, en sorte que plusieurs pièces tombèrent momentanément au pouvoir de l'ennemi. Le reste se replia sur la barrière du Trône, mais cet échec ne tarda pas à être réparé.

Un escadron de cuirassiers du 7e régiment, qui était posté près la barrière, se porta en avant, suivi de tous les élèves. Il fit une charge heureuse qui éloigna la cavalerie ennemie et dégagea les pièces dont quelques-unes, à défaut de chevaux, furent traînées par les élèves. Pendant ce second engagement, plusieurs pièces furent remises en batterie et tirèrent sur l'ennemi (1).

Les élèves, rentrés dans leur position près la barrière, y restèrent jusqu'à 11 heures du soir qu'arriva l'ordre de M. le général d'Aboville de

(1) D'une note, insérée au *Moniteur de l'armée* le 21 février 1869, et due au colonel d'artillerie en retraite Camus, élève à l'École polytechnique en 1814, nous extrayons le passage suivant : « Quant au détachement de 150 élèves environ qui a combattu le 30 mars 1814, il servait, à la barrière du Trône et sur l'avenue de Vincennes, 28 pièces de canon pointées chacune par un canonnier à pied de la Garde impériale et soutenues momentanément par quelques cuirassiers et par un certain nombre de volontaires sortis des rangs de la garde nationale... Le surplus des élèves est resté en réserve à l'École même ».

Dans une communication faite à l'Académie des Sciences en 1869, le célèbre mathématicien Chasles, ancien élève de l'École polytechnique et l'un des combattants du 30 mars 1814, prononçant l'éloge d'un de ses camarades, le capitaine du génie Sadi-Carnot, a donné cette version du combat :

« Nous étions avec nos 28 pièces, formant 3 batteries, tous ensemble, au nombre de 250 élèves, sur la route de la barrière du Trône à Vincennes. C'est vers 11 heures que nous avons reçu l'ordre de sortir de la barrière pour prendre cette position, ordre que nous attendions depuis 5 heures du matin, où s'étaient fait entendre dans le lointain les pré-

les diriger sur Fontainebleau par Villejuif, en emmenant le plus de matériel possible, ordre qui fut exécuté après avoir fait prendre aux élèves des fusils et des munitions à l'arsenal.

Tous les élèves ont rivalisé de courage dans cette journée, comme ils avaient rivalisé de zèle pendant la durée de leur service. Il serait difficile de citer ceux qui se sont fait plus particulièrement distinguer, tous ayant également fait leur devoir. Cependant l'on ne doit point passer sous silence la conduite de M. Malpassuti. Cet élève, Piémontais d'origine, avait servi avant d'entrer à l'École. Lors du mouvement rétrograde sur la barrière du Trône, il tua un cavalier prussien, monta sur un cheval et, se joignant aux cuirassiers français, il chargea avec eux la cavalerie ennemie. Cet élève est l'un des trois qui ont été décorés pour les services dans la garde nationale.

On ne peut que donner des éloges au courage et au dévouement de MM. les Officiers de l'École qui commandaient les élèves; l'un d'eux, M. Rostan (1), a reçu trois coups de lance qui ne l'ont pas empêché, dans la nuit, de partir pour Fontainebleau.

---

miers coups de canon. Les hauteurs sur la gauche étaient déjà occupées par l'artillerie ennemie, et la plaine était couverte de cavalerie prussienne sur laquelle nous avons tiré aussitôt à mitraille. Cette cavalerie, pour nous atteindre, devait enfiler la route un peu plus élevée que la plaine; elle fondit sur nous trois fois à portée de pistolet; nos deux tambours furent tués, plusieurs élèves blessés et d'autres faits prisonniers; mais les vides que huit pièces, pointées dans la direction même de la route, causaient dans ces escadrons, les firent toujours rebrousser. Cependant un régiment de houlans russes, qui occupait le village de Vincennes, déboucha sur la contre-allée de droite. Nous croyions que c'était la cavalerie française qui venait nous soutenir, mais nous fûmes bientôt détrompés quand, arrivés à peu près sur toute l'étendue de notre ligne, ils nous ont assaillis à coups de lance. Le désordre qui s'est mis dans les 28 pièces, les 28 caissons et les 56 attelages de 4 chevaux a protégé notre retraite, que nous avons effectuée sans rien perdre de ce nombreux attirail que quelques chevaux, et en nous défendant contre ces houlans dont un certain nombre furent démontés. Je m'arrête dans ces détails » (*Comptes rendus de l'Académie des Sciences*, de l'année 1869, p. 116).

(1) Rostan (François). Entré au 6e bataillon du Jura, en 1792, il passa à la compagnie des guides du général en chef Bonaparte en 1797, à la garde des consuls en 1800, aux vétérans de la Garde en 1806. Nommé adjudant près le bataillon de l'École polytechnique, le 11 mai 1806, il

Noms des élèves blessés dans l'affaire du 30 mars 1814.

MM. Derovs, coups de sabre et de lance (Démissionnaire).
Petit (Joseph), brûlure (Placé à l'île Maurice).
Bonneton, caporal, brûlure (Actuellement à l'École, décoré par l'Empereur à la revue du 27 mars).
De Cullion, sergent, brûlure (Décoré lors des récompenses accordées à la garde nationale).
Léger, caporal, coup de lance (Présent à l'École).
Du Puits, brûlure (Démissionnaire).
Houeau, brûlure (Présent à l'École, décoré par l'Empereur à la revue du 27 mars).
Reydellet, brûlure (Démissionnaire).
François, coup de lance (Démissionnaire).
Leclerc, coup de lance (Présent à l'École).
Garcerie, coup de lance (Démissionnaire).
Moultson, brûlure (Présent à l'École).
Lenfant, coup de feu (Démissionnaire).
Dandelin, coup de lance (Présent à l'École).
Castaignède, coup de lance (Démissionnaire).
Menjaud, brûlure (Présent à l'École).
Villeneuve, coup de lance (Présent à l'École).
Cournand, coup de lance (Présent à l'École).
Salomon, coup de lance (Présent à l'École).

Noms des élèves faits prisonniers et qui furent rendus à l'École, dans les premiers jours d'avril, par l'intermédiaire de M. de Humboldt.

MM. Becquey, mort au mois de novembre.
Forfait, élève sous-lieutenant d'artillerie.

---

y obtint le grade de sous-lieutenant, le 20 janvier 1810, et celui de lieutenant, le 19 août 1812.

Blessé à Hondschoote, en 1793, sur la brèche de Saint-Jean d'Acre, en 1799, le lieutenant Rostan, dit le baron Bourgoing dans ses *Souvenirs militaires* (p. 309), excitait vivement l'intérêt des élèves par sa réputation de bravoure et ses récits de guerre. « On citait de lui dans l'École un mot heureux : « Que sentiez-vous, mon brave Rostan, lorsque la fusillade faisait tomber les fantassins alignés à côté de vous ? » lui demandaient un jour les élèves — « Vous me demandez ce que je sentais ? Suivant l'ordonnance, je sentais les coudes à droite ».

Ce brave prit sa retraite en 1816 (Arch. admin. de la Guerre).

MM. DORSENNE, présent à l'École.
DUCLOS, présent à l'École.
PROUST, présent à l'École.
PAYN, démissionnaire.

Signé : Baron GREINER.

ÉCOLE IMPÉRIALE POLYTECHNIQUE.

30 mars 1815.

État nominatif des officiers et élèves qui ont fait partie des compagnies de canonniers de la garde nationale de Paris pendant les mois de février et mars 1814, et qui ont concouru à la défense de la capitale (1).

Nota. — Cet état est établi suivant l'ordre de formation des compagnies d'après le décret impérial du [24 janvier 1814].

État-major.

M. le baron GREINER, colonel d'artillerie, commandant le bataillon des élèves ; chargé d'abord du commandement supérieur des trois compagnies formées par les élèves, ensuite du commandement en chef de toute l'artillerie de la garde nationale.

M. MARIELLE, capitaine quartier-maître, chargé des fonctions d'adjudant-major des trois compagnies.

M. PETIT (Jean-Jacques), 1er sergent-major de l'École, chargé des fonctions d'adjudant sous-officier des trois compagnies.

L'un des trois élèves qui ont obtenu la décoration, lors de celles accordées à la garde nationale.

Cet élève est aujourd'hui dans le service des Ponts et Chaussées.

M. GAULT, chirurgien-major.

---

(1) Cette pièce, qui faisait suite au rapport adressé à Carnot par le comte Dejean le 30 mars 1815, est seule demeurée annexée à la lettre d'envoi (Arch. nat., F_{21} 659). — Pour l'orthographe des noms, nous nous sommes reporté au Contrôle de l'École polytechnique, qui date de l'époque, donne la signature de tous les élèves et est conservé aux Archives administratives du ministère de la Guerre.

NOMS.	GRADES.	PLACEMENT ACTUEL.
		1re compagnie.
RICHARD	Capitaine	A l'École polytechnique.
ROSTAN (1).........	Lieutenant ...	Id.
GIORGINI	Sergent-major.	Démissionnaire.
CORNÉLY	Sergent	Id.
REIBELL............	Id.	Élève des Ponts et Chaussées.
WETZELL...........	Id.	Placé à l'île Maurice.
BAUCHETET	Fourrier......	Élève sous-lieutenant du génie.
LE CORBEILLER	Caporal......	Id. d'artillerie.
DESCHARIÈRES	Id.	Id. du génie.
FOYER	Id.	Démissionnaire.
CARNOT (2).........	Id.	Élève sous-lieutenant du génie.
MENGIN	Id.	A l'École polytechnique.
CHAMBINIÈRE........	Id.	Élève sous-lieutenant d'artillerie.
DEROYS (3)	Élève.......	Démissionnaire.
CREULLY	Id.	Élève sous-lieutenant du génie.
OLIVIER (Théodore)...	Id.	A l'École polytechnique.
DUFRAISSE	Id.	Id.
DELAPORTE	Id.	*Passé dans les gardes du corps de Monsieur* (4).
BRUNEAU	Id.	Élève sous-lieutenant d'artillerie.
BEAUVAIS...........	Id.	Id.
DUBAIN	Id.	A l'École polytechnique.
MÉTAIS.............	Id.	Élève sous-lieutenant d'artillerie.
LENGLET	Id.	A l'École polytechnique.
LADEVÈZE	Id.	Élève sous-lieutenant d'artillerie.
HENRYOT	Id.	Démissionnaire.
CICILLE	Id.	Élève sous-lieutenant d'artillerie.
CHAUSSON...........	Id.	Id.
LAURENT	Id.	Démissionnaire.
THIÉRY............	Id.	*Passé dans les gardes du corps du Roi.*
BOISGIRAUD	Id.	A l'École polytechnique.
GUILLERY	Id.	Élève sous-lieutenant d'artillerie.
BERT..............	Id.	Id.
DOLLONE	Id.	*Passé dans les gardes du corps du Roi.*
GUY...............	Id.	Élève sous-lieutenant d'artillerie.

(1) Blessé de plusieurs coups de lance à l'affaire du 30 mars 1814.

(2) Fils du Grand Carnot. Il entra à l'École en 1812 avec le numéro 24 et en sortit le 1er octobre 1814, dans le génie, le 10e de la liste générale et le 5e de son arme.

(3) Blessé de coups de sabre et de lance à l'affaire du 30 mars.

(4) Les quelques indications qui manquaient dans le texte, presque toutes relatives aux élèves entrés dans la Maison du Roi, ont été portées en italique et empruntées au contrôle de l'École polytechnique déposé aux Archives administratives de la Guerre.

NOMS.	GRADES.	PLACEMENT ACTUEL.
Desmaisières (Désiré).	Elève.......	*Démissionnaire.*
Michaud	Id.	Elève sous-lieutenant d'artillerie.
Prat	Id.	A l'École polytechnique.
Boisson	Id.	Elève sous-lieutenant d'artillerie.
Balleroy...........	Id.	Démissionnaire.
Tiby...............	Id.	*Passé dans les gardes du corps du Roi.*
Gaullier...........	Id.	*Passé dans les gardes du corps du Roi.*
Gournon	Id.	A l'École polytechnique.
Boutelaud	Id.	Démissionnaire.
Camus	Id.	A l'École polytechnique.
Dubois (Edouard)....	Id.	Id.
Tinseau............	Id.	Id.
Sabde	Id.	Id.
Morin	Id.	Id.
Pernet	Id.	Id.
Collet	Id.	Id.
Rost	Id.	Démissionnaire.
De Lurieu..........	Id.	*Passé dans les gardes du corps du Roi.*
Lablancherie.......	Id.	A l'École polytechnique.
Aragon.............	Id.	Id.
Bouglé.............	Id.	Id.
Hélie	Id.	Id.
Caron	Id.	Id.
Carles	Id.	Id.
Barrier............	Id.	Démissionnaire.
Pons	Id.	A l'École polytechnique.
Guimet	Id.	Id.
Bonnin	Id.	Id.
Delbourg	Id.	Id.
Lefrançois	Id.	Id.
Mérens	Id.	Démissionnaire.
Payan	Id.	A l'École polytechnique.
Mabru..............	Id.	Id.
Du Puits (1)........	Id.	*Passé dans les gardes du corps du Roi.*
Loizillon	Id.	A l'École polytechnique.
Davin	Id.	Id.
Bardin	Id.	Id.
Lechevalier........	Id.	Id.
Picot..............	Id.	Id.
Dumesnil...........	Id.	Démissionnaire.
Lemaistre..........	Id.	A l'École polytechnique.

(1) Blessé par une explosion de poudre à l'affaire du 30 mars 1814.

NOMS.	GRADES.	PLACEMENT ACTUEL.
BARBIER	Elève	A l'Ecole polytechnique.
LECOMTE (Jean)	Id.	Id.
PAYN (1)	Id.	Démissionnaire.
DEBACQ	Id.	A l'Ecole polytechnique.
MINARD	Id.	Démissionnaire.
COLOBIAN	Id.	Id.
LE CAMUS	Id.	Id.
RASPIELLER	Id.	A l'Ecole polytechnique.
JOLY	Id.	Id.
BOUILLON	Id.	Id.
MARCHAND	Id.	Démissionnaire.
PAMBOUR	Id.	A l'Ecole polytechnique.
D'HUEZ	Id.	Démissionnaire.
PIET	Id.	Id.
PEYRÉ	Id.	A l'Ecole polytechnique.
LENFANT (2)	Id.	Démissionnaire.
DUVERNOY	Id.	A l'Ecole polytechnique.
BOUTILLIER	Id.	Id.
CHAUCHET	Id.	Id.
KÉGUELIN	Id.	Id.
CONSTANTIN	Id.	Id.
FOURNIER	Id.	Démissionnaire.
FERRÉOL	Id.	A l'Ecole polytechnique.
DESFORGES	Id.	Id.
THIRION	Id.	Id.
SAUGY	Id.	Démissionnaire.
VASSAS	Id.	A l'Ecole polytechnique.
MUTEL	Id.	Id.
PROUST (3)	Id.	Id.
HOUEAU (4)	Id.	Id.
NOURTIER	Id.	Démissionnaire.
MINANGOY	Id.	*Passé dans les gardes du corps du Roi.*
SAINT-PAUL	Id.	A l'Ecole polytechnique.
SALOMON (5)	Id.	Id.
LIONNET	Id.	Id.
JOUBERT	Id.	Id.
THURNINGER	Id.	Id.

(1) A été fait prisonnier à l'affaire du 30 mars 1814.
(2) Blessé d'un coup de feu à l'affaire du 30 mars 1814.
(3) A été fait prisonnier à l'affaire du 30 mars 1814.
(4) Blessé par une explosion de poudre à l'affaire du 30 mars 1814. A obtenu la décoration de Sa Majesté l'Empereur, à la revue du 27 mars 1815.
(5) Blessé d'un coup de lance à l'affaire du 30 mars 1814.

NOMS.	GRADES.	PLACEMENT ACTUEL.
	2e compagnie.	
REDON	Capitaine	A l'Ecole polytechnique.
PRUDHOMME	Lieutenant	Id.
DUVIVIER	Sergent-major.	Elève sous-lieutenant du génie.
WATBLED	Sergent	Elève des Ponts et Chaussées.
GERMAIN	Id.	A l'Ecole polytechnique.
SURDEY	Id.	Elève sous-lieutenant d'artillerie.
FABRE	Fourrier	Id.
DELMAS	Caporal	Elève sous-lieutenant du génie.
DEVAUX	Id.	Démissionnaire.
JOHANYS	Id.	Elève sous-lieutenant d'artillerie.
PETIT (Narcisse)	Id.	Démissionnaire.
VILLEMAIN	Id.	Elève sous-lieutenant d'artillerie.
GÉAS	Id.	Id.
VERCIA	Elève	Démissionnaire.
DEMONFERRAND	Id.	Id.
D'ALBIAT	Id.	Elève sous-lieutenant d'artillerie.
MOLY	Id.	Id. du génie.
DUVIQUET	Id.	Id. d'artillerie.
PETIT (Joseph) (1)	Id.	Placé à l'île Maurice.
HOART	Id.	Elève sous-lieutenant d'artillerie.
SERÉ	Id.	Id.
PRADAL	Id.	Id.
CHAPELIÉ	Id.	Id.
VIOLLETTE	Id.	Id.
FLEURY	Id.	Démissionnaire.
DESBARREAUX	Id.	Id.
REYDELLET (2)	Id.	Id.
NOEL (François)	Id.	Id.
MARTIN (Jean-Baptiste)	Id.	A l'Ecole polytechnique.
GODEBERT	Id.	Elève sous-lieutenant d'artillerie.
LA GIRAUDIÈRE	Id.	Démissionnaire.
MILLOT	Id.	Id.
MÉJASSON	Id.	A l'Ecole polytechnique.
LAFFEUILLADE	Id.	Id.
DESMAISIÈRES (Léandre)	Id.	*Démissionnaire.*
DUBOIS (Jean-Louis)	Id.	Démissionnaire.
COLSON	Id.	A l'Ecole polytechnique.
DAVID	Id.	Elève sous-lieutenant d'artillerie.
SAZERAC	Id.	A l'Ecole polytechnique.
AMELOT	Id.	Id.

(1) Blessé par une explosion de poudre à l'affaire du 30 mars 1814.
(2) *Idem.*

NOMS.	GRADES.	PLACEMENT ACTUEL.
COURNAND (1)	Elève........	A l'École polytechnique.
OSMOND	Id.	Démissionnaire.
CAUCHY............	Id.	A l'École polytechnique.
SAINT VENANT	Id.	Id.
ADENOT...........	Id.	Id.
CROZALS...........	Id.	Id.
GUYOT DUCLOS (2)....	Id.	Id.
PELLETIER..........	Id.	Id.
MARION	Id.	Id.
RÉROLLE...........	Id.	Id.
LÉGER (3)..........	Id.	Id.
RÉGICOURT..........	Id.	*Passé dans les gardes du corps du Roi.*
LECLERC (4)	Id.	A l'École polytechnique.
FERRIÈRE..........	Id.	Id.
LAVEDRINE..........	Id.	Id.
MIE..............	Id.	Id.
GUIBERT...........	Id.	Id.
GARNOT	Id.	Id.
HEDDE............	Id.	Id.
RAFFARD (François)...	Id.	Id.
GRAVIER...........	Id.	Id.
VILLENEUVE (5)......	Id.	Id.
DORSENNE (6)	Id.	Id.
CHAPER	Id.	Id.
DANDELIN (7)........	Id.	Id.
TROUILLET..........	Id.	Id.
MOREAU (Jean)	Id.	Id.
MENJAUD (8)........	Id.	Id.
ROUBAUD...........	Id.	Id.
MAINOT	Id.	Démissionnaire.
JOUSSERANT	Id.	A l'École polytechnique.
MARCESCHEAU	Id.	Démissionnaire.
BOBILLIER..........	Id.	A l'École polytechnique.
RABUSSON..........	Id.	Id.
DUBOIS (Ch.-Gustave).	Id.	Id.
ASSOLLANT..........	Id.	Id.
D'LEINDRE..........	Id.	Id.
MORLET...........	Id.	Id.

(1) Blessé d'un coup de lance à l'affaire du 30 mars 1814.
(2) A été fait prisonnier à l'affaire du 30 mars 1814.
(3) Blessé de coups de lance à l'affaire du 30 mars 1814.
(4) Blessé d'un coup de lance à l'affaire du 30 mars 1814.
(5) *Idem.*
(6) A été fait prisonnier à l'affaire du 30 mars 1814.
(7) Blessé d'un coup de lance à l'affaire du 30 mars 1814.
(8) Blessé par une explosion de poudre à l'affaire du 30 mars 1814.

NOMS.	GRADES.	PLACEMENT ACTUEL.
LACOMBLE	Elève	A l'École polytechnique.
MOULTSON (1)	Id.	Id.
LE MARCHAND	Id.	Id.
LABROSSE	Id.	Id.
MOREAU (Émile)	Id.	Id.
FAVRE	Id.	Id.
VIGIER	Id.	Mort.
BOUTEILLER	Id.	A l'École polytechnique.
PLAINCHANT	Id.	Id.
ROUSSEL	Id.	Id.
DELAFOYE	Id.	Id.
LEBRUN	Id.	Id.
GOUAZÉ	Id.	Démissionnaire.
GÉRARDY	Id.	Id.
GISCLARD	Id.	A l'École polytechnique.
ENFANTIN (2)	Id.	Démissionnaire.
ROGIER	Id.	A l'École polytechnique.
BAILLOT	Id.	Id.
BRUSLÉ	Id.	Id.
DONOP	Id.	*Passé dans les gardes du corps du Roi.*
ARMELLINI	Id.	Démissionnaire.
FELINE	Id.	*Passé dans les gardes du corps du Roi.*
CHANCEL	Id.	Démissionnaire.
CASTAIGNÈDE (3)	Id.	Id.
TRIPPIER	Id.	A l'École polytechnique.
CASTILLON	Id.	Id.
GARCERIE (4)	Id.	Démissionnaire.
JUGE	Id.	A l'École polytechnique.
TALABOT	Id.	Id.
VARIN	Id.	Id.
BOSCHER	Id.	Démissionnaire.
MAILLEFERT	Id.	A l'École polytechnique.
PARIS	Id.	Id.
GAILLARDON	Id.	Id.

(1) Blessé par une explosion de poudre à l'affaire du 30 mars 1814.
(2) Entré à l'École en 1813, avec le numéro 165, il donna sa démission en 1814 et devint, plus tard, l'un des fondateurs du Saint-Simonisme.
(3) Blessé d'un coup de lance à l'affaire du 30 mars 1814.
(4) *Idem.*

NOMS.	GRADES.	PLACEMENT ACTUEL.
3e compagnie.		
Bourdillet	Capitaine	A l'École polytechnique.
Clément	Lieutenant	Id.
Lebas	Sergent-major.	Elève sous-lieutenant du génie.
Coignet	Sergent	Id.
De Cullion (1)	Id.	Id.
Pouzin	Id.	Démissionnaire.
Oberkheimer	Fourrier	Id.
Du Chayla	Caporal	*Passé dans les mousquetaires.*
Vuilleret	Id.	*Passé dans les gardes du corps du Roi.*
André	Id.	A l'École polytechnique.
Geneix	Id.	Elève sous-lieutenant d'artillerie.
Godin	Id.	Démissionnaire.
Rochet	Id.	*Passé dans les gardes du corps du Roi.*
Becquey (2)	Élève	Mort.
Chasles (3)	Id.	Démissionnaire.
Chardonneau	Id.	A l'École polytechnique.
Durivau	Id.	Id.
Noel (Auguste)	Id.	Elève sous-lieutenant d'artillerie.
Corneilhan	Id.	Démissionnaire.
Puibusque	Id.	*Passé dans les gardes du corps du Roi.*
Léonard	Id.	Démissionnaire.
Desse	Id.	A l'École polytechnique.
Martin (François)	Id.	Elève sous-lieutenant d'artillerie.
Lagasquie	Id.	Démissionnaire.
Blanc	Id.	Elève sous-lieutenant d'artillerie.
Burnier	Id.	Id.
Reverdit	Id.	Id.
Imbert Saint-Brice	Id.	Id.
Veyrassat	Id.	Démissionnaire.
Gacon	Id.	Elève sous-lieutenant d'artillerie.
Forfait (4)	Id.	Id.
Delamare	Id.	Id.
Pinel	Id.	Démissionnaire.
Miollis	Id.	Sous-lieutenant dans la ligne.
Bouvier	Id.	Démissionnaire.

(1) Blessé par une explosion de poudre à l'affaire du 30 mars 1814. A reçu l'une des décorations de la Légion d'honneur données à la garde nationale de Paris.

(2) A été fait prisonnier à l'affaire du 30 mars 1814.

(3) Entré à l'École en 1812, avec le numero 19, il ne put, à la sortie, obtenir d'être classé dans les Ponts et Chaussées et donna sa démission. Il s'illustra par ses travaux en géométrie et en mécanique et devint membre de l'Institut.

(4) A été fait prisonnier à l'affaire du 30 mars 1814.

NOMS.	GRADES.	PLACEMENT ACTUEL.
RAFFARD (Ant.-Joseph)	Élève........	A l'École polytechnique.
ROBELIN............	Id........	Démissionnaire.
OZANON............	Id........	Id.
DAUCHE............	Id........	Élève sous-lieutenant d'artillerie.
HUIN..............	Id........	*Passé dans les gardes du corps du Roi.*
DELAROCHE.........	Id........	Élève sous-lieutenant d'artillerie.
BLEUART...........	Id........	*Passé dans les gardes du corps du Roi.*
OLLIVIER (Maurice)...	Id........	Démissionnaire.
POMMÉ.............	Id........	A l'École polytechnique.
GIRAUD............	Id........	Id.
PIRAIN............	Id........	Id.
PARGADE...........	Id........	Id.
GINESTE...........	Id........	Id.
BATBEDAT..........	Id........	Id.
BONNETON (1)......	Id........	Id.
TRIDALET..........	Id........	Id.
LECOMPTE (L.-N.)....	Id........	Démissionnaire.
DESSIN............	Id........	A l'École polytechnique.
DU DEFFAN.........	Id........	Id.
BOBLAYE...........	Id........	Id.
GUÉRARD...........	Id........	Id.
MEISSAS...........	Id........	Id.
LEBLANC...........	Id........	Id.
GIGUET............	Id........	Id.
ANFRAY............	Id........	Id.
MAROT.............	Id........	Id.
TRIBERT...........	Id........	Id.
FAVEAUX...........	Id........	Id.
DECHAMP...........	Id........	*Passé dans les gardes du corps du Roi.*
GAMOT.............	Id........	A l'École polytechnique.
LAINÉ.............	Id........	Démissionnaire.
FRANÇOIS (2).......	Id........	Id.
DUMON.............	Id........	Id.
ROUSSIGNÉ.........	Id........	*Passé dans les gardes du corps du Roi.*
GENTIL............	Id........	A l'École polytechnique.
RAYMOND...........	Id........	Id.
BIDAULT...........	Id........	Id.
DYANVILLE.........	Id........	Id.
FOLLIART..........	Id........	Id.
RIPA..............	Id........	Démissionnaire.

(1) Blessé par une explosion de poudre à l'affaire du 30 mars 1814. A obtenu la décoration de Sa Majesté l'Empereur à la revue du 27 mars 1815.

(2) Blessé d'un coup de lance à l'affaire du 30 mars 1814.

NOMS.	GRADES.	PLACEMENT ACTUEL.
MERCANTON	Élève.	A l'École polytechnique.
PERCY	Id.	Id.
DE CANDÉ	Id.	*Passé aux mousquetaires.*
DESTREMAU	Id.	*Passé dans les gardes du corps du Roi.*
PRAVAZ	Id.	A l'École polytechnique.
LAVALLETTE	Id.	Id.
RIVIÈRE	Id.	Id.
CAPELLA	Id.	Id.
BORNET	Id.	Id.
DUNDAS	Id.	Id.
BUSSY	Id.	Id.
BARUAUD	Id.	Démissionnaire.
COURTIAL	Id.	A l'École polytechnique.
RIPERT	Id.	Id.
PIERRUGUES	Id.	Id.
CHAMBIGE	Id.	Id.
MATHIOT	Id.	Démissionnaire.
DRUT	Id.	A l'École polytechnique.
VESTIER	Id.	Démissionnaire.
SERRY	Id.	A l'École polytechnique.
FRÉGIER	Id.	Id.
FRAIN	Id.	Démissionnaire.
MALPASSUTI (1)	Id.	A l'École polytechnique.
MARITZ	Id.	Démissionnaire.
PRUDHON	Id.	A l'École polytechnique.
ROGELIN	Id.	Démissionnaire.
GONSSE	Id.	A l'École polytechnique.
GAND	Id.	Id.
LA RIBELLERIE	Id.	Id.
SAINT-MARC	Id.	Démissionnaire.
PIOBERT	Id.	A l'École polytechnique.
LE BRETON	Id.	Démissionnaire.
DALMAS	Id.	A l'École polytechnique.
MAITROT	Id.	Id.
MONNIER	Id.	Id.
SERGENT	Id.	Id.
CHAVELET	Id.	Id.

(1) A tué un cavalier prussien (voir le rapport général). A reçu l'une des décorations de la Légion d'honneur données à la garde nationale de Paris.

D. (1).

(1) Signature abrégée du comte DEJEAN.

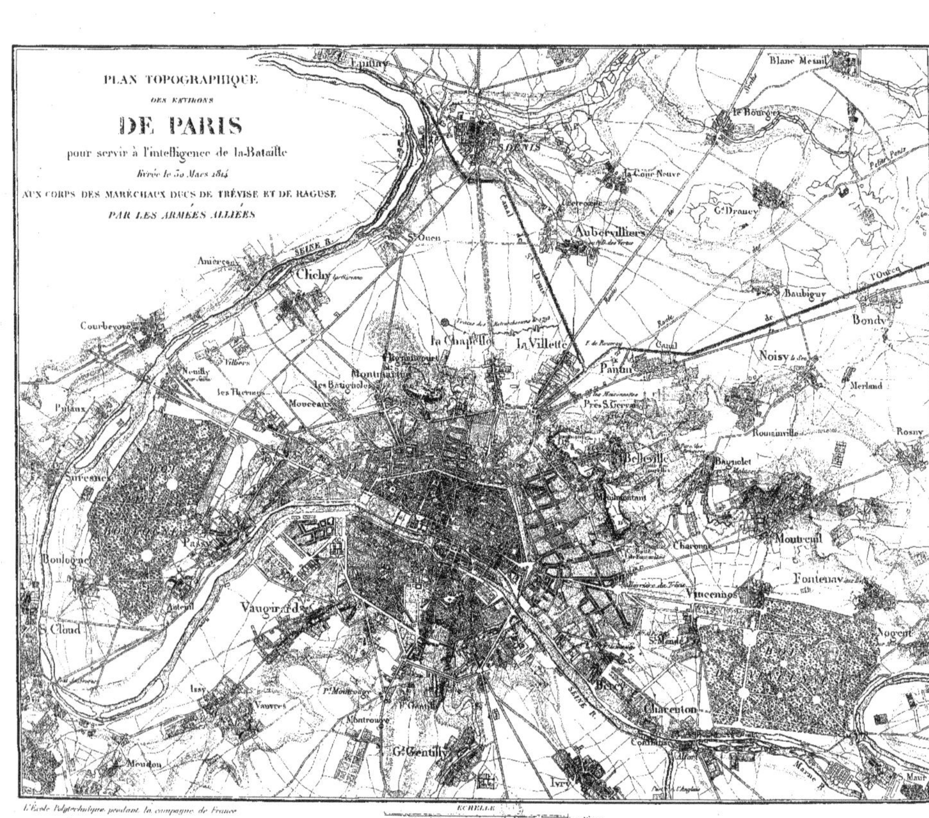

L'École Polytechnique pendant la campagne de France

ECHELLE

TABLE DES MATIÈRES

PARIS. — IMPRIMERIE R. CHAPELOT ET Cᵉ, 2, RUE CHRISTINE.

www.ingramcontent.com/pod-product-compliance
Ingram Content Group UK Ltd.
Pitfield, Milton Keynes, MK11 3LW, UK
UKHW021203220726
13924UKWH00003B/1303

9 782019 936730